보리밭에 부는 바람

이승수 수필집

출판하우스 짓다

들어가며

심상心像을 불러내며

　보리밭에 바람이 분다. 이삭을 쓸고 온 바람결에는 미미하게 들큼하고, 적당히 매콤하고, 연기에 그을린 듯한 향이 배어 있다. 나는 이 향을 60여 년 동안 맡고 살았다. 해마다 망종이 되면 이들을 만나기 위해 고향 보리밭에 간다.

　간들바람에 밤꽃향 요요히 풍길 때면 연하천煙霞川에 간다. 함박꽃나무 하얀 꽃향기 농한 지리산 종주 능선, 벽소령 넘어 명매기걸음을 걸을 때면 다른 세상 사람이 된다. 나만의 노마드랜드다.

　영화 어떻게 보면 좋으냐는 질문을 많이 받는다. 한 유명 감독의 말로 대답을 대신한다.
　"그냥 보세요."
　중국집에 가서 짜장면 주문할 때 주방장 불러놓고 재료는 무엇을 썼는지, 이 집 맛의 비결은 무엇인지 묻느냐며 하는 말이다. 관객의 관점을 존중한 말인 줄 알지만……. 힐링 시네마에서는 감독을 모셔야 하는 경우가 많다. 맛의 깊이를 알아야 내담자를 힐링의 숲으로 안내할 수 있기 때문이다.

내 안에는 고향 보리밭, 지리산 연하천, 영화 이렇게 세 가지 심상心像이 크게 자리잡고 있다. 눈 감으면 떠오르고, 생각을 명료화하도록 해주고, 불안을 숨겨주기도 하는 마음속 이미지이자 엘랑비탈이다. '베르그송'은 그의 저서 《창조적 진화》에서 '엘랑비탈'이란 개념을 소개했다. '윤철호' 교수의 소개로 알려졌는데, 뜻은 '생명의 도약을 달성하는 근원적 힘'이다. 내 에너지의 점진적 축적 기술이자, 에너지 도약 통로를 만드는 제작소인 셈이다.

글을 쓰겠다며 펜을 잡은 후 15년이란 세월이 흘렀다. 같은 기간 영화에 심취해 있던 터라 힐링 시네마 에세이와 칼럼을 주로 썼다. 영화를 보고 고양감을 글로 옮기는 일이 참 좋았다. 그러나 영화에 관한 글은 내 혼의 소산이 아니라는 생각으로 늘 불안했다. 창작이라는 본령에서 큰 차이가 없겠지만, 내 글을 내놓지 못하는 데 대한 부담은 컸다.

어느 날 문단 원로들을 뵐 기회가 있었다. 대화가 무르익었다. 한 시인께서 나를 지목했다.

"당신이 창작한 글은 언제 나와? 맨날 잡문만 쓰지 말고 자네 글을 내놔 봐!"

잡문이라! 망치로 얻어맞은 기분이었다.

"아, 네."

미흡하지만 그동안 묵혀두었던 글을 보완해서 펴내야겠다고 결심했다. 문제는 이 글에서도 영화를 탈피할 수 없었다는 것이다. 그동안 써놓은 글이 그랬고, 새롭게 쓰는 글 또한 마찬가지이다. 내가 경험한 사례보다 영화 속 유사 사례가 강력하고, 어필하기 좋다. 욕구의 대리 만족, 정서의 환기, 자기 성찰, 고차원적인 자아의 발견……. 특히 경험이나 사례를 어필할 때는 영화만 한 게 없다고 생각한다. 피하려고 노력했지만, 어쩔 수 없는 경우가 많았다.

내용은 6부로 구성했다. 위에 적은 세 가지가 주류이고, 나머지 세 가지 역시 본류에서 파생한 이야기다. 시 지각(내 눈만 한 세상), 통찰(지금 그 자리에 서서, 삶 밖에서 삶을 이야기하다)쯤으로 분류하고 싶다. 일부 글은 오래 묵혔다 꺼냈더니 시제나 시의성에 어색함이 있다. 당시 상황을 있는 그대로 전하고 싶어 수정하지 않았다. 양해 바란다.

내용은 진부하지만 생소한 진부함으로 전해졌으면 하는 마음 간절하다.

2025년 새해

이승수

차례

들어가며

1
보리밭에 부는 바람

개망초, 꽃의 초대 _ 13
자운영 연가 _ 17
보리밭에 부는 바람 _ 21
덕주의 주막 _ 27
월남댁 _ 31
슬로시티에서 배운 천천히 _ 35
소잉 아트 _ 40

2
**지금
그 자리에
서서**

야누스의 달 1월(January)을 맞이하며 _ 47
순환 열차 _ 52
마사이족 신발 가게 여사장 _ 56
딴 차 _ 61
외장 하드 파일을 날리고 _ 65
효 오디세이 _ 68

3
내 눈만 한 세상

내 눈만 한 세상 _ 75

이모티콘과 감정 표현 _ 80

사진은 느낌을 찍는 것 _ 84

면사무소 앞 면사무소 _ 88

차향망우 茶香忘憂 _ 92

황제 짜장 _ 96

커피 블렌딩 _ 100

4
연하천은 흐른다

백두대간 북진 출발점에서 하늘을 향해 외치다 _ 107

연하천 煙霞川은 흐른다 _ 111

솟대 _ 115

백두대간 제9구간, 속리산은 도화원 _ 120

소백산 죽령에서 고치령까지, 백두대간 제17구간 _ 124

2007 여름 오대산 종주 _ 131

진안고원 마실길 제4구간 _ 138

5
나는 영화와 함께 살기로 했다

영화가 나에게 왔다 _ 145

내 인생의 영화 _ 150

자기 조력을 위한 영화 보기 _ 154

메멘토 모리와 간웅 조조曹操의 자아 통합 _ 158

지시적 영화 보기 _ 164

이베 이야기 _ 168

동성애는 생득生得인가 성적 취향인가 _ 172

6
삶 밖에서 삶을 이야기하다

노인 연습 _ 179

명정酩酊 _ 182

명정酩酊 단상 _ 186

요양병원 막핀 꽃 _ 190

싸우지 마세요 _ 194

해우소와 근심 _ 198

나가며

1

보리밭에 부는
바람

개망초,
꽃의 초대

　꽃은 늘 소외된 땅에서 피었다. 녹슬고 구멍난 철모, 삭은 낫자루, 폐타이어 널브러진 척박한 땅에서 기신거리며 피었다. 길모퉁이 후미진 곳, 아이들이 놀다 간 공터에서 속절없이 피었다. 괭이도 안 들어가는 딱딱하고 울퉁불퉁한 땅에 꼿꼿이 서서 꽃을 피운 이들을 향해 아버지는 "웬수"라고 했다. 보릿고개 악령이 떠나지 않은 어느 초여름이었다. 어떻게든 땅을 일궈 무엇이라도 심어야 할 아버지는 절박했다. 개망초가 꿋꿋하게 뿌리를 내린 맨땅은 파도 파도 끝이 없었다.
　아버지 따라 죽도록 괭이질을 하고 나니 삼베 적삼이 땀범벅이었다. 희불그스레한 땅이 펼쳐지고, 우리는 이랑을 만들었다. 콩을 심었다. 세 알 네 알 콩콩 심는데 재미가 쏠쏠했다. 뽑은 개망초는 밭두렁에 얼기설기 쌓아 뒀다. 며칠 후 노랑 주전자를 들고 물 주러 갔는데, 글쎄 밭두렁의 꽃들이 샛노란 눈을 빳빳하게 뜨고 나를 노려보는 것 아닌가. 다가서니 늙은 호박 속에서 맡았던 쉬지근한 냄새가 올라왔다.

"이것들이 그냥!"

더미를 발로 찼다. 꽃이 부스러져 바닥에 뒹굴었다. 중학교 입학 이후 도회지에서 산 내 눈에 개망초는 차창 밖 풍경에 지나지 않았다.

내가 사는 '완주 삼봉지구'는 유난히 공터가 많다. 구획 정리를 하고 그대로 둔 탓이다. 곧 공사하겠지만, 지금은 무성한 잡초 사이로 각종 폐기물이 군데군데 쌓여 있다. 그곳에서 개망초를 만난 것은 우연이었다. 지나던 길, 살랑거리는 기생초가 떼 지어 손짓하기에 차를 댔다. 지난여름 전주 삼천에서 본 꽃의 감흥이 차올랐다. 그런데 이게 뭐지? 바람에 산들거리는 순백의 꽃이 눈에 들어오면서 코에 익은 냄새가 났다.

"개망초다!"

사실 어릴 때 밭에서 씨름할 당시에는 꽃 이름도 몰랐었다. 지금 내 앞에 그 꽃이 무더기로 있다. 청초하고, 청결하고, 앙증맞다. 어쩌면 작은 볼이 이토록 앙큼할까.

"아니 네가? 꽃이었어? 원래 이렇게 고아했어?"

'망할 풀, 그것도 개망할 풀'이었다. 가녀린 이 꽃 어디에 개망할 데가 있는지 모르겠다. 꽃을 꽃이라 부르지 않고 풀〔草〕이라 부르는 이유는 또 무엇이람. 기록을 보니 북아메리카가 원산이다. 일제 강점기에 우리나라 망亡하라고 씨앗을 들여보냈다는 설이 있다. 철도 공사할 때 침목 틈에 씨를 넣어 보냈다는 설명도 있다. 폐선로 틈새에 처량하게 핀 꽃을 사진에서 본 적이 있다. '망할 풀이 밭에서 자라면 농사는 망치고, 농사를 망치면 나라가 기운다.'라고 되어 있다.

 안개비 내리는 듯, 은하수를 불러온 듯……. 멀리서 보면 욜그랑살 그랑 흔드는 몸짓에 정신이 혼미할 지경이다. 가까이서 보면 꽃송이는 갸름하되 홀쭉한 모습이 올차다. 작은 볼은 서럽고, 만 조각으로 갈라진 꽃송이는 애잔하다. 작은 바람에도 크게 흐느껴야 하는 꽃대는 슬프고, 풍매로 연명해야 하는 뿌리는 옹골차다. 달빛 아래서 보는 개망초는 아늑하고 가뭇하다.

 6월이 되면 온 산야에 개망초가 핀다. 무리 지어 피는 곳이 많다. 최근 한 신문은 개망초 군락지에서 모자 쓴 여인 서넛이 서성이는 사진을 1면에 실었다. 사진 속 정경이 애초롬하다. 여인들은 필시 바람에 실려 왔을 것이다. 꽃에 현혹되어 걸음을 멈췄을 터. '안개꽃, 메밀꽃, 데이지꽃. 이들과 견주어도 손색없겠죠? 꽃은 볼 때마다 솟아요. 얼마나 많은 꽃이 더 솟아나는지 지켜보세요.'

 개망초는 억울하고, 내 아버지의 삶은 고곤苦困했다. 하늬바람 부는 꽃밭에 앉아 하늘을 본다. 꽃잎 사이로 보이는 파란 하늘에 그리움이 배어 있다. 짐승의 뼈 틈을 확대하여 자연을 그린 미국 화가 '조지아 오키프'의 눈이 된다. 아버지는 그때 지금 나보다 나이가 한참 젊었다.

"삶은 질기고 고단한 것이란다."

아버지 말씀이 들리는 듯하다. 뭉게구름 지나간 자리에서 황혼이 손짓한다. 하얀 그리움 가슴에 가득 안고 개망초를 예찬한다.

고향의 그 밭에 다녀왔다. 6월에 꼭 해야 할 일이었다. 밭에는 토끼풀, 개망초가 한데 어우러져 에델바이스를 변주하고 있었다. 기생초도 함께였다. 꽃이란 이름을 얻지 못한 이쁜이끼리 모여 합종合從하다니. 묘한 조합이라는 생각이 들었다. 언젠가 우리나라는 이들의 세상이 될 거야. 초등학교 동창인 지주地主는 머리가 꽃보다 희었다. 화원은 그의 텃밭머리에 있었다.

"저 꽃들 보고 있어?"

"……."

"밥 먹고 가라."

"저 땅 팔래?"

장맛비가 오락가락한다. 횡단보도 옆 전봇대 앞에 함초롬히 핀 개망초를 바라보며 하얗게 웃는다.

자운영
연가

　불이 났다. 눈을 씻고 봐도 불이었다. 둔덕 너머 우리 논이 뻘겋게 타고 있었다. 눈을 동그랗게 뜨고 달려갔다. 온 힘을 다해 뛰어도 왜 그렇게 발이 느리던지 꿈결인가 싶었다. 보리 이삭이 노랗게 익어가고 논에 자박자박 물이 잡히기 시작할 무렵이었다. 초등학교 4학년이었던 나는 하굣길 신작로에서 벚나무와 엉덩이 씨름을 하는 게 일과 중 하나였다. 콧잔등에 땀이 송송 맺힐 양이면 개울로 달려가 불거지와 한바탕 뜀박질을 하곤 했다.
　논에 다다른 나는 놀라서 입을 다물 수가 없었다. 서 마지기가 넘는 논이 앙증맞게 핀 붉은색 꽃들로 빼곡히 채워져 있는 게 아닌가. 무슨 일이람? 영문은 알 수 없지만, 떼 지어 핀 꽃을 보니 가슴이 벌렁거렸다. 논두렁에 쪼그리고 앉아 꽃대를 쭉 쓸어 보았다. 보란 듯 허리를 꼿꼿이 세우고 있던 이들이 내 손 가는 대로 순순히 몸을 눕

히는 것이었다. 집으로 달려갔다.

"아버지! 논에요, 꽃이요."

나는 숨을 헐떡이며 검정 고무신 한 짝을 내동댕이친 채 마루로 기어올랐다.

"자운영이다. 거름으로 쓸 것이여."

아니 저렇게 예쁜 꽃을 거름으로 쓰다니……. 이해가 되지 않았다.

그날 밤 꿈을 꾸었다. 빨간 양탄자가 우리 논 위를 날았다. 《아라비안나이트》에서 알게 된 바로 그 양탄자였다. 나는 양탄자를 잡으려고 있는 힘을 다해 달리며 손을 내밀었다. 그러나 아무리 손을 뻗어도 잡히지 않았다. 잡아야 해, 잡아야……. 다급해져 "야~~" 하고 고함을 질렀다. 양탄자가 갑자기 좌우로 흔들리더니 뒤집혀 곤두박질을 쳤다. 다가가 보니 양탄자는 오간 데 없고 갈아엎어 시커멓게 변한 논바닥뿐이었다. 허망했다. 두리번거리며 양탄자를 불렀다. "야~~~" 목청을 높이다 잠에서 깼다.

다음 날 이웃집 '순이' 누나가 나를 불렀다. 마른침을 삼키던 누나는 네 번 다섯 번 정성껏 접은 쪽지를 내밀었다.

"심부름 좀 해줘! 느네 논 지나서 다리 공사하는 데 있지? 거기 '차영'이란 형한테 좀 갖다줘."

한달음에 달려가 쪽지를 전했다. 쪽지를 받아든 형은 내 손에 쿨민트 껌 두 개를 쥐어주었다.

"이게 웬 떡이다냐!"

하나는 내가 먹고 또 하나는 셋으로 나눠 동생들 줘야지. 그날 밤 우리 방 벽에는 껌딱지 네 개가 들쑥날쑥 붙었다. 다음 날도 그다음 날도 쪽지 심부름은 계속되었다. 주거니 받거니……. 껌은 양쪽에서 들어왔다. 어떤 날은 하루에 열 개가 넘기도 했다. 차츰 내 친구들 집 벽에도 껌딱지가 나붙었고, 나는 차츰 껌 대장이 되어가고 있었다.

어느 날 자운영밭에 쟁기가 들어갔다. 꽃밭이 무참히 뒤집혔다. 소문이 돌기 시작했다. '순이가 꽃밭에서 차영이랑 놀았다네.' 나는 그 말이 무슨 뜻인지 알 수 없었다. 소문은 우리 부모님 대화에도 끼어들었다. 밖에 나가면 여기저기서 왕왕거렸다. 쪽지 심부름이 끊겼다.

"……?"

쟁기 밑으로 사라진 자운영꽃이 아른거렸다. 껌도 따라 춤을 추었다. 영문을 알 수 없는 일이 계속되는 게 답답해 죽을 지경이었다. 며칠 후 순이 누나가 보따리를 싸 들고 집을 떠났다.

"승수야! 고맙다. 잘 있어라."

내 손에 껌 두 통이 들려 있었다. 별로 기쁘지 않았다. 차영이 형이 미워 견딜 수 없었다. 처음으로 내 손이 부끄럽다는 생각이 들었다. 논으로 달려갔다. 꽃이 무성하던 자리, 그곳에는 물만 흥건히 고여 넘실거리고 있었다.

그때인 것 같다. 내 마음에 작은 꽃밭 하나 생긴 게. 그 후 도회지에 나와 학교 다니는 동안 고향과 멀어졌다. 가끔 집에 갈 때 자운영 꽃밭을 떠올렸지만, 어디에도 자운영은 없었다.

그런데 예기치 않게 감동할 일이 생겼다. '자운영 마을'이 나타난 것이다. 내가 사는 곳에 이런 꽃동네가 있을 줄이야. 완주 봉동에서 삼례 가는 옛길 보건소 아래 이 꽃마을이 있다. 끌리듯 찾아간 들판은 자운영꽃 천지였다.

"아! 자운영."
밭둑을 정신없이 쏘다녔다. 물 가두기 한창인 옆 논에 고향 하늘이 내려와 앉았다. 순이 누나가 나를 부르는 것 같았다. 내 안 꽃밭에서 자운영꽃이 덩실덩실 춤을 추었다.
5월이면 내 안에 자줏빛 꽃구름이 인다. 마냥 거기 머물러 있다가 일을 그르치곤 한다. 칠순이 넘었을 순이 누나는 차영이 형이랑 잘 살고 있는지……?

보리밭에 부는 바람

"쏴."

바람이 분다. 보리밭 두렁에서 맞는 바람은 그 세기가 다르다. 보리밭을 살살이 훑으면서 가속이 붙기 때문이다. 몸은 바람으로, 코는 내음으로 혼미하다. 이삭을 쓸고 온 바람결에는 적당히 들큼하고, 매콤하고, 연기에 그을린 듯한 향이 배어 있다. 나는 이 바람과 향을 60여 년 동안 맡고 살아왔다. 해마다 망종이 되면 이들을 만나기 위해 고향 보리밭에 간다.

망종芒種은 24절기 가운데 아홉 번째 절기로 소만과 하지 사이에 있다. 까끄라기 망芒, 씨 종種으로 쓴다. 수염 같은 까끄라기 곡식의 종자를 뿌리기 좋은 시기라는 뜻이다. 때가 되면 어른들은 보리를 모두 베고 논에 모심고 밭갈이하느라 분주했다.

초등학교 때부터다. 망종이 되면 불을 피워 보리를 구워 먹었다.

땅을 파고 검불과 나무 막가지를 섞어 불을 피운다. 밑동까지 싹둑 자른 보리 다발을 옆에 늘어놓고 부챗살 펴듯 보릿대를 잡고 보리 이삭을 불에 댄 후 뒤집기를 반복한다. 시간이 지나면 이삭이 새카맣게 그을린 채 분리된다. 눈물, 콧물을 일으키던 연기가 산 너머로 날아갈 때쯤 먹기 시작한다. 손으로 살살 비벼(강하게 비비면 깨져서 맛이 덜하다.) 그을음까지 입에 털어 넣으면 입안은 천국으로 변한다.

이십 대 초반이었다. 망종 무렵에 고향 보리밭에 갔는데 금줄이 쳐 있었다. 주인이 출입을 막은 것이다. 이유를 알아보니 밭 한가운데 보릿대 일부가 으스러져 엉망이 되었다는 것이다. 무엇이 얼마를 망쳐놨기에……? 그날 밤 마을 여기저기서 수군대는 소리가 들려왔다. '지영'이 하고 '철수'가 보리밭에서 나오는 것을 봤다는 것이다. 보리밭 주인인 이웃집 형이 화가 잔뜩 나 있다는 이야기와 함께. 형은 나보다 두 살 많은 농부였고, 철수는 내 죽마고우로 전주 소재 고등학교를 졸업하고 고향에서 농사일을 배우고 있었다. 지영이는 두 살 아래 후배인데, 초등학교를 졸업하고 가사를 돕고 있었다.

얼마 후 내가 일하는 사무실 근처 다방에서 레지로 일하는 지영이와 마주치게 되었다.

"오빠!"

지영이 입이 다물어지지 않았다. 아무것도 모르는 표정을 지을 수밖에. 지영이는 떠났다. 주인에게 물으니 밤에 짐을 싸서 도망치듯 떠났다는 것이었다.

입영하게 되었다. 송별 파티가 열렸다. 나와 철수가 군대에 가는데, 마을 후배들이 자리를 만든 것이다. 망종 무렵이었다. 장소는 전의 보리밭 부근 농막. 모처럼 보리도 구워 먹고……. 술잔이 몇 순배 돌고 난 후 철수에게 물었다.

"지영이는?"

대답이 없다.

"야, 지영이 소식 몰라?"

"술이나 먹어."

그날 밤 철수는 술에 떡이 되었다. 어스름 달빛이 녀석 얼굴을 창백하게 물들였다. 그와 나는 각각 군대로 떠났다.

보리밭 주인인 형이 보리밭을 갈아엎어 버렸다는 이야기, 철수는 지금껏 보리밭 주인 형하고 외면하고 산다는 이야기, 지영이 행방은 아무도 모른다는 이야기를 들었다. 제대하고 한참 지난 후다. 순정 마초들 같으니라고.

보리밭이 궁금했다. 용케 지금도 그때 보리밭 인근에는 다른 보리밭이 있었다. 반가운 나머지 주저앉아 이삭을 쓰다듬었다. 바람이 불었다. 예의 들큼한 내음이 온몸을 감쌌다. 철수와 지영이가 손을 흔드는 듯한 환영이 지나갔다. 철수는 외지에 나가 취직했고, 지영이 소식은 아무도 모른다.

60이 넘은 나이에도 망종이면 여전히 보리밭에 간다. 지나고 보니 보리를 구워 먹던 어린 시절은 소위 보릿고개였다. 항상 배가 고팠

고, 무엇으로든 배를 채워야 했다. 물론 초근목피도 필수품 중 하나였다. 보리 구이를 어쩌면 그렇게 잘 먹었던지…….

일을 벌인 철수와 지영이, 철수는 보리 구워 먹은 기억이 있었기에 무성한 보리밭을 거사 장소로 택했을 것이다. 사랑할 장소도 없는 세상이 있었다. 지나고 생각하니 보리밭은 용도가 많았다. 나의 성장도 굶주림과 저들 사랑의 기억이 자양분이었는지 모른다. 늘보리 넣고 지은 밥을 먹고서야 안도하는 지금의 식생활도 이와 무관치 않음을.

올해 망종은 왠지 밭두렁이 쓸쓸하게 느껴진다. 나이 드는 탓 아닐까? 이런저런 이유로 보리 재배를 안 하는 추세다. 내년에는 내가 보리 경작을 해야 할지도 모르겠다.

덕주의 주막

덕주가 사무실에 왔다. 나보다 세 살 많은 초등학교 동기동창이다. 만날 때마다 나에게 반말하지 말라고 사정하는 친구다. 잰걸음으로 들어온 이 친구, 장의자에 몸을 던진다.

"공 치고 왔어!"

"뭐라고?"

"공 치고 왔다고."

"……?"

아무리 골프가 대중화됐다지만 농사짓고 약초 캐는 사람이 무슨 골프를 쳐? 고개를 갸우뚱하고 있는데, 타작마당에서 도리깨질하듯 휙 하고 지나가는 것 같은 말이 들린다.

"게이트볼 치고 왔어 새끼야. 놀라기는."

너털웃음을 한참 동안 따라 웃었다. 실컷 웃고 나니 머릿속이 개운해졌다. 여름 어떻게 보냈느냐고 물으니 '손실재'에서 일했다고 한다. 손실재는 고향 부귀면에서 진안읍으로 통하는 고갯길이다. 불현듯 장날 엄마 손잡고 넘던 그 산길이 주마등처럼 눈앞을 스친다.

새벽밥 먹고 오전 내내 발길을 재촉하면 진안 중학교와 바다같이 넓은 방죽이 반겨줬다. 등에 짐을 멘 데다 비탈이 심해 오가는 데 하루를 다 쓰게 했던 사나운 재다. 일보고 장터에서 순댓국 한 그릇 먹다 보면 피로가 눈 녹듯 사라졌었다. 뚝배기에다 둘둘 감은 국수 한 덩어리 그리고 인정까지 보탠 순대를 한 움큼 올리면 국물은 넘실대고 탁자는 흔들렸다. 지금은 어디서도 찾을 수 없는 그 맛을 생각하니 입안에 침이 고인다.

"거기서 무슨 일을 해?"

"어귀에다 주막을 하나 내 볼까 해서."

"……?"

어떻게 그런 생각을 했느냐고 물으니 군수 영감님이 우리 산에는 쉼터가 없어 아쉽다고 하는 소리를 들었다는 것이다. 순간 내 머릿속에는 '진안고원길'이 펼쳐졌다. 지난여름에 개통식을 한 청정 자드락길, 물론 손실재도 그중 한 구간이다. 많은 사람이 고원길을 찾도록 힘쓰자며 지역 사회의 관심이 크게 쏠리고 있기에 시의적절한 발상이란 생각이 들었다.

동동주에다 국밥 한 그릇, 송송 파전에 총각김치 한 접시라! 산골 별미에 푹 빠질 길손들을 생각하니 절로 신이 난다. 고지식한 저 친구, 진짜 먹거리만을 고집할 거야. 자연을 벗삼아 살아온 녀석이라 잔재주를 모르지. 태어나서 이곳 진안을 한 번도 떠나지 않았다고 소개하면 손님들이 신기한 눈으로 쳐다볼 것이다. 하얗게 세어 버린 친구의 머리카락과 옛날 장터 국수의 추억이 묘한 대비를 이루며 심금을 울렸다. 성급한 마음은 벌써 와자지껄한 산막에 가 있다. 비스듬한 사립문, 초가지붕과 황토벽, 통나무로 만든 식탁……. 나는 진입로에다 백일홍을 심으리라. 읍사무소에서는 해마다 봉숭아와 코스모스를 심어주겠지.

  창밖 손실재 쪽으로 눈을 돌리니 시원한 쪽빛 하늘이 반긴다. 산막에서 피어오르는 파란 연기를 한없이 마셔줄 것 같은 하늘이다. 부귀산 하늘금이 지나간다. 억새 숲이 일렁인다. 친구의 희망이 너울너울 피어오른다. 덕주는 멀거니 앉아 있는데, 나는 주막집 한 채 짓느라고 가쁜 숨을 몰아쉬고 있다.
  주막 이름은 '덕주의 주막!'이라고 하면 좋겠다.
  "덕주야! 덕주야!"
  주막 이름 알려주려고 불러도 이 녀석 대답이 없다.
  "주모가 있어야 하지 않을까?"
  뜬금없는 말에 내 설계가 와르르 무너지는 느낌이었다. 주모, 그래

주모 좋지. 메뉴가 달라지고 길손들 행색이 달라지고, 이들 떠드는 소리가 달라질 거야. 너는 어쩌면 주모의 노예가 될지도 몰라. 그렇지만, 나쁘지 않은 생각인 것 같아. 나도 가끔 올라가 장작이라도 패줘야지. 덕주는 딱 네 번 말했는데, 내 생각은 하늘을 날고 있다.

월남댁

환희, 아니 충격이었다. 둥구나무에 무서리가 내리던 날 우리 마을에는 눈이 부시도록 아름다운 노니꽃 한 송이가 날아들었다. 마을 사람들은 앞다투어 나가 그 꽃을 얼싸안았다. 순백의 그 꽃은 일 년 내내 아니 평생토록 피어 향기를 발산할 것이라고들 하였다. 강한 생명력으로 마을의 촉매제가 될 것이라고 했다. 꽃 이름은 '월남댁'이라 지어졌다. 월남에서 시집왔다 해서 그렇게 지어진 것이다. 한국 국적 취득 때 얻은 '전지현'이란 이름이 있는데 왜 그 이름을 안 불러 주는지 모르겠다며 볼멘소리 했다는데, 그 소문은 동구 밖에서 멎었다. 월남댁은 그렇게 우리와 하나가 되었.

동고동락의 꿈같은 세월이 3년쯤 지났을 때다. 그 꽃이 토종닭 전문 식당에 취업하였다. 뜻하지 않은 사건에 사람들이 웅성대기 시작했다. 남정네들은 환호하였고, 여인들은 혀를 찼다. 어떤 남정네는 이틀간 네 끼를 닭만 먹었더니 입안에서 구린내가 난다고 하였다. 다른 이는 천 원권 한 장과 만 원권 한 장을 소주잔에 감아 들고서 전할 순서를 기다린다고 하였다. 식당은 지난여름에 닭을 수백 마리나 팔았다고 소문이 났다. 닭 잡는 솜씨가 다른 사람 세 몫은 한다며 주인 입이 귀에 걸렸다는 소식도 전해졌다. 나는 어안이 벙벙할 뿐이었다.

노니 꽃을 보면 슬퍼지는 이야기가 있다. 몇 년 전 베트남으로 노니 열매를 구하러 간 적이 있다. 위암 수술 후 항암과 면역력 강화에 좋다는 소문을 듣고 무작정 여행사를 따라갔다. 우리나라에서도 주스나 정제로 된 제품을 구할 수 있지만, 현지에서 제대로 확인한 후 구매해야겠다는 생각으로 달려든 것이다. 울창한 밀림 속에서 만난 노니는 그저 우리나라의 뽕나무를 연상케 하는 평범한 나무였다. 감자 같으나 울퉁불퉁하고 못생긴 열매, 찔레꽃이 연상되는 다섯 가닥 꽃잎을 보면서 참으로 정갈하다는 느낌을 받았다. 열매를 키우며 자라나는 꽃은 한 송이가 시들면 다른 꽃망울들이 활성화되는 식으로 연이어 피어나서 모진 생명줄이 끊어지는 일이 없다는 설명을 들었다.

일하는 소녀가 바구니에 열매를 담아 왔다. 순간 덥석 집으려는 손길들이 포개져서 불똥이 튀었다. 보여주기 위해 가져온 것이며, 가공해야 먹을 수 있다는 가이드의 고함에도 아랑곳없이 열매는 입에서 입으로 물려졌다. 내 손에는 노니 열매가 쥐어지지 않았다. 이때 문득 '노니꽃을 보면 눈물이 난다.' 라고 노래한 어느 시인의 낯선 얼굴이 그려졌다. 어쩌면 그이도 나처럼 서럽게 노니를 찾아 여기까지 왔을지 모른다는 생각이 들었다. 노니 나무 아래 서서 생 솔방울 같은 저 열매를 아린 마음으로 올려 보았을 터. 꽃이 어떻게 보였을지 궁금했다. 남들은 노니를 재미로 먹는다지만 나와 그이는 약으로 먹어야 했기에 보는 느낌이 다를 수밖에. 화풀이하듯 노니 가루와 착즙 원액을 배낭 가득 사 들고 돌아왔다.

"신랑이 잘해줘요?"

"예, 맨날 업어줘요."

"식당 끝나고 집에 늦게 갈 텐데, 밥하고 빨래는 누가 해요?"

"시어머니요."

"무엇이 제일 재미있어요?"

"TV요."

"식당 일 힘들지 않아요?"

"좋아요."

또박또박 답하며 검은 눈동자를 굴리는 꽃의 모습은 참으로 순수하고 고왔다. 나도 천만 원(천 원과 만 원권 각 한 장)을 준비한 적이 있다.

신랑은 접신이 되었노라고, 시어머니는 치매라고, 집에 늦게 가니 TV에서는 토론이나 다큐 프로그램이 진행되는 시간이라고 누군가가 귀띔해 주었기에……. 나는 술잔에 싸지 않고 맨손에 쥐여주었다. 지난 추석에 다문화센터에서 그 꽃을 만났다. 월남에 추석 선물도 보내고 가족 용돈도 매월 30만 원씩 보내고 있다며 무척 좋아했다.

 코리안드림을 찾아 우리 품에 안긴 저 새댁, 실은 울고 있을 것이다. 하루도 거르지 않고 숨죽여 우는 모습을 상상하니 목이 메었다. 토종닭이 전부일지도 모를 각박한 일상에서도 천진한 미소를 잃지 않는 천사와도 같은 저 꽃이 이 땅에서 어떤 열매를 맺을 수 있을까.

 기원한다. 시어머니와 신랑의 병이 빨리 호전되기를. 술잔에 감아서 주는 천만 원의 의미를 빨리 파악하기를. TV에서 재미있는 프로그램 하는 시간에 귀가하기를. 뜨거운 햇빛, 쉴 새 없이 내리는 빗속, 소금기 많은 모래흙, 화산재로 가득한 땅에서도 잘 자란다는 노니처럼 모든 시련과 고통을 꿋꿋하게 이겨 내기를.

슬로시티에서 배운 천천히

 인디언은 말을 타고 길을 가다가 잠시 쉬면서 자신들이 온 길을 되돌아본다고 한다. 걸음이 너무 빨라 영혼이 따라오지 못할까 봐 그런다는 것이다. 컴퓨터 부팅 시간을 기다리다가 안절부절못하고, 운전할 때 신호등 앞에서 마른침 삼키며 발 떨기 일쑤인 나다. 영혼이 몸보다 앞서갈지도 모른다는 생각이 들어 잔뜩 긴장할 때도 있다. 영혼과 속도 맞추는 노력을 해보지만, 그게 잘 안 된다.
 인도 영화 〈세 얼간이〉에 '비루'라는 학장이 나온다. 그는 학생들 앞에서 쫓기듯이 말한다. "빨리, 빨리 달려. 그렇지 않으면 짓밟혀 죽어."
 그는 하루에 단 7분간 휴식하는 시간마저 아까워 낮잠과 음악 감상 그리고 면도까지 해결한다. 시간 절약을 위해 셔츠 단추를 찍찍이로 바꾼다. 수업 시간에 양손으로 판서하면서 강의한다. 누구든 자기를 앞서가는 꼴을 못 본다. 인생은 오직 레이스라는 것, 빨리 달리지 않으면 짓밟힌다는 것이다.

　세상의 속도에 맞춰 앞만 보고 돌진한다. 유유자적하고 싶지만, 그럴 여유가 없다. 그런데 이렇게 서두르는 삶은 조급증과 화를 부른다니 주의해야 한다. 삼성의료원 '나덕렬' 박사는 전전두엽에 충동 조절 센터가 있는데, 그곳에서 조급증과 화를 조절한다고 말한다.

　"작은 일을 반드시 마무리하세요. 그리고 순간의 여유를 즐기세요. 축구에서 골이 나는 것은 순간의 응집력이랍니다."

　박사는 사람이 서두르는 이유가 '무시당하지 않으려는 마음에 있다.'라고 강조한다. 그리고 부연한다. '화가 나 있을 때 내면의 소리를 잘 들어보면 어떤 두려움이 있는지 알 수 있다. 자존심이 건드려졌다면 그곳이 약한 부분이라는 사실도 알아차려야 한다.'

　같은 직장에서 정년까지 함께 근무한 친구가 있다. 그는 상사의 오더를 수행하는 과정에서 가끔 조급증이 발동했다. 2000년대 초반부의 사무용품은 지금과 달리 성능이 좋지 않아 애를 먹이곤 했다. 특히 컴퓨터가 심했다. 컴퓨터에 인쇄 명령을 하면 한참 후에야 프린터 작동하는 소리가 나고 출력이 시작된다. 종이가 기계 부품 사이에 끼는 일은 다반사. 갑갑중 촉발의 결정적 순간이다. 보고서를 독촉 받는 상황이면 더욱 급할 노릇이다. 그는 프린터 앞에 서서 출력물을 바라보다 한 장 한 장 받아내곤 했다. 고백하지만 그 마음은 나도 같앉다.

 가만히 있으면 경쟁에서 뒤질 것 같은 마음, 새로운 자극이 반복될수록 충동적이고 조급해지는 마음. 뇌과학자들은 앞쪽 뇌보다 뒤쪽 뇌를 주로 사용하는 사람의 전형이라고 말한다. 외부 자극에 익숙해 있는 사람, 사람들⋯⋯. 보이는 것에 집착하고, 창조보다 복사나 편집에 능통한 이들은 형이상학적, 추상적 사고를 할 수 없다는 것이다.

 일본 영화 〈안경〉은 마음의 속도 조절이 필요한 여자 주인공을 휴대 전화도 터지지 않는 외진 바닷가로 보낸다. 그곳에서 할 일은 마냥 기다리는 것뿐이다. 무엇을? 지나가는 것을. 냇물을, 시간을, 바람을, 상념을. 인생을⋯⋯. 그러면서 되뇐다. 나는 자유를 안다. 길을 따라 똑바로 걷는 것이다. 어쩌다 인간이라 불리어 내가 여기 있는가. 이곳에 모인 사람들은 시도 때도 없이 '메르시 체조'를 한다. 진일토록 무료함에 몸을 맡긴다,

 영화 〈푸른 소금〉은 귀여운 킬러 '세빈'과 전설적인 조직 보스였지만 지금은 요리 수업 동기생인 '두헌' 이야기를 다룬다. 일촉즉발의 위기 상황에서도 이들은 천연덕스럽게 달콤하고 짭짤한 사랑을 나눈다. 세빈이 묻는다.

 "아저씨! 세상에 중요한 세 가지 금이 있는데 무엇인지 알아?"

 답은 한참 뒤 두헌이 조직 선배들을 초청하여 저녁 식사를 대접하는 자리에서 나온다.

"첫째는 황금, 둘째는 소금, 셋째는 지금입니다. 여러분, 지금 싸우지 않고 뭣들 하는 겁니까?"

마음의 속도를 조절하겠다고 우리나라 17개 슬로시티를 돌아보며 줄곧 생각한 화두가 지금이다. 다녀와서 전주 한옥마을에 모인 수많은 탐방객 속으로 들어갔다. 이곳도 슬로시티인데, 이렇게 북적거리는 속에 들어온 사람들의 속내가 궁금해서였다.

"이들은 지금 어디로 가고 있는가? 지금 뭣들 하고 있는가?"

물음에 아랑곳하지 않고 하던 일 계속하고 있다. 해설사에게 탐방객의 성향과 목적을 물었다.

"슬로(Slow)는 속도가 아닌 방향과 철학, 교감과 공감의 개념입니다. 무엇에 못 미친다는 뜻을 가진 늦다와 의미가 달라요. 천천히죠. 천천히는 개별적 특성에 따라 달라요."

60여 년을 숨 가쁘게 달려온 나다. 지금 속도 조절을 하는 게 생애 주기를 통틀어 어떤 의미가 있을까. 나이가 들었다는 이유로 일도, 식사도, 걸음도, 만남도, 기쁨도, 슬픔도 다 천천히 해야 할까? 엄청난 속도로 지그재그 추월하면서 달리던 자동차가 신호등 앞에서 나와 나란히 서 있다. 저런 것일까? 저 자동차, 신호 바뀌면 앞서 달리던 속도로 다시 내달릴 게 뻔하다.

꿈을 꾸었다. 하늘에 무지개가 선연히 떠 있고 사람들이 구름떼처럼 모여 무지개 앞으로 걷거나 달려가고 있다. 저기에 가면 무엇인가 잡힐 것 같다. 다른 사람들을 제치고 앞서려고 했다. 그런데 뛰어도, 뛰어도 몸이 제자리에 있는 것이다. 사람들이 나를 앞서기 시작했다. 무지개를 넘어가고 있었다. '붉은 여왕 마법'에라도 걸린 것일까. 영화 〈이상한 나라의 앨리스〉에 나오는 붉은 여왕 말이다. 그녀는 주변 세상이 빨리 돌아가기 때문에 아무리 뛰어도 앞서갈 수 없다고 말한다. 제자리에라도 있고 싶으면 힘껏 뛰어야 한다며. 아무리 노력하고 진화해도 주변 환경과 상황 때문에 좋아지지 않는 것을 '붉은 여왕 효과'라고 한다.
꿈에서 깨어 보니 무지개는 안 보이고 사방이 매일 보던 것들이다.

낯설다.
지나가는 것, 기다리는 것에 몸을 맡기는 일도
훈련이 필요한 것 같다.

소잉 아트
― 바느질은 연결의 미학이다

　소잉 아트 전시회는 처음이었다. 여성 전유물이란 생각도 있었고, 자주 열리는 게 아니어서 접할 기회가 없었던 게 사실이다. 전시회는 전북대학교 구정문 옆 산책길에서 열렸다. 빨간색 컨테이너 네 량을 잇대어 꾸민 갤러리는 바느질 소품 전시관으로 안성맞춤이었다. 첫 칸은 용품 전시장, 두 번째 칸은 작업 공간, 세 번째 칸은 작품 전시관, 네 번째 칸은 대화의 공간이다. 기차 여행할 때 차창에 스치는 풍경에 감동하며 유리창에 얼굴을 들이댔던 마음이 이런 것이었던가 싶었다.
　낯선 공간에서 낯선 사람들과 함께 낯선 전시회를 관람하는 일은 비길 수 없는 기쁨이었다. 길어야 60m 안팎일 듯한 전시실을 처음부터 끝까지 몇 번이고 들락거리며 공간 속 미학을 탐닉했다. 어머니, 바느질, 상처 그리고 봉합…….

팸플릿 속 미싱 사진 브랜드가 썬스타(Sun Star)다. 미싱은 '아이디얼' 아니었던가. 세상의 변화가 재봉틀에까지 미쳤다. 미싱은 머쉰(Machine)이 일본식 음으로 변한 말이다. 원래 Sewing Machine이었는데, 바느질을 뜻하는 Sewing은 사라지고 미싱만 남아 바느질 기계의 대명사가 되었다.

어머니가 오버랩되었다. 호롱불 밑에서 골무 끼고 밤새워 바느질하던 어머니가 처음 산 미싱을 보듬고 좋아하던 모습이 눈에 선하다. 마을에서 첫 번째였기에 희소가치는 컸으며, 둘도 없는 자랑거리였다. 이후 이웃집 다듬이 소리와 우리 집 미싱 돌아가는 소리가 묘한 화음을 이루며 협주곡처럼 들렸다. 어머니가 방에 있는 시간이 길어졌고, 나는 미싱 소리만 들리면 그저 편안하고 안심이 되었다. 너덜거리던 옷이 새 옷 되어 나오는 것이 신기해 몇 번이고 만져봤었다.

"소잉 아트가 뭐죠?"

미소 띤 작가가 설명을 시작했다.

"바느질로 만든 예술(미술) 작품을 말합니다. 한 땀 한 땀 정성이 들어갔죠."

여러 형태의 옷, 모빌, 가방, 노리개, 지갑……. 작품이 나뭇가지나 와이어에 가지런히 걸려 있는데, 대부분 형태가 둥글다. 아끼는 물건이든 마음이든 모두 모나면 안 된다는 게 콘셉트라고 했다. 매듭은 사람의 못난 모습을 표현했고, 실밥을 안으로 밀어넣어 안 보이게 하는 바느질 기술을 썼는데, 억압을 숨기는 의미를 담았다고 했다. 끈

없는 가방 옆에 나란히 섰다. 시구(詩句)처럼 글을 써놓았다. '가방아! 남들이 가진 걸 갖지 못해서 속상하니? 하지만 너는 갖지 못한 것으로 인해 따뜻한 손 온도를 느끼며 살게 될 거야.'

지나온 것들에 대한 기억을 자꾸 지우거나 감출 필요가 없다고 강조하는 작가의 일부 작품에는 실밥이 그대로 드러나 있었다.

"삐뚤빼뚤한 바느질처럼, 삐뚤빼뚤한 모습일지라도 괜찮아! 내보이지 않고 어떻게 치유할 수 있겠어?"

영화 〈토일렛〉에 나오는 '모리'가 떠올랐다. 은둔형 외톨이이면서 공황장애를 앓고 있는 청년이다. 모리는 어느 날 할머니에게 바느질 기술을 배운다. 엄마의 유품인 미싱을 사용해서다. 옷을 만들기 시작하면서 집중하게 되고 서서히 치유가 시작된다. 자기가 만든 알록달록한 치마를 입고 음악 콩쿠르에 나가서 피아노를 연주하는 모습에서 치유의 천사 가브리엘을 느꼈다.

한석규가 열연한 영화 〈상의원〉에는 30년 넘게 왕의 옷만을 지어온 어침장 '조돌석'이 나온다. 그는 바느질에 나름의 철학이 있다. '바느질이란 다른 두 세상을 하나로 묶는 것인즉, 바늘이 들어갈 때는 자신의 혼을 집어넣고, 나올 때는 정성을 다해야 한다.'

삶이란 잇는 것의 연속이다.

새로운 세상과 낡은 세상, 정상과 비정상, 안과 밖, 진짜와 가짜, 큰 것과 작은 것, 좋은 것과 나쁜 것……. 나아가 결혼은 두 사람의 현존

하는 세상과 다가올 세상의 결합이다.

　나는 40여 성상을 공직에 있었다. 매뉴얼화된 생활은 하나의 프레임이었기에 무엇이든 끌어다 댈 일이 별로 없었다. 아쉬움 속에서 집중했던 게 영화다. 영화야말로 천이요, 실이요, 엄연히 존재하는 다른 세상이다. 처음에 그 세상은 내 발로 들어가면 되었다. 물론 나오는 것도 언제나 자유로웠다. 시간이 흐르고……. 영화가 질문을 던지기 시작했다. 영화 〈달콤한 인생〉 대사는 고민까지 안겨줬다.

　"넌 나에게 모욕감을 줬어."

　모욕감의 함의를 파악해야만 영화에서 현실로 나올 수 있다. 이렇게 영화는 나에게 바느질감이 되었고, 무엇이든 봉합한 연후에야 제자리로 돌아올 수 있었다.

　연결한다는 것, 바느질이 추구하는 최고의 목표다. 불량품 날치기로 연결했다가는 두고두고 불편하다. 연결할 대상도 잘 물색해야 한다. 실밥을 밖으로 드러내고, 가방에서 끈을 빼고, 제품의 모양을 모두 둥글게 만드는 것은 연결 기법에 불과하다.

　문제는 거리다. 연결 거리. 그 거리를 파악할 때까지 나는 오래도록 이곳에서 돌아가지 않을 것이다. 헝겊 한 장을 둘러보고, 뒤집어보고, 자른 후에 한참을 바라보고 계시던 내 어머니는 거리에 관한 이치를 이미 알고 계셨던 것 같다. 미싱에서 나오는 미려한 옷자락을 들춰보며 기뻐하던 내 안에 거리란 없었다.

2

지금
그 자리에
서서

야누스의 달
1월(January)을
맞이하며

　임인년(任寅年, 2022년) 새해를 맞이하는 마음이 편치 않다. 코로나가 몰고 온 암운 탓이리라. 전에는 이맘때가 되면 설렘으로 가슴이 뛰었다. 벽걸이 달력의 12월과 내년 1월을 한꺼번에 훑어 읽는 자신을 발견하고 흠칫 놀란다. 지나간 시간에 대한 미련, 미래에 대한 불안이 한 장의 달력에 들어 있다.
　야누스를 생각한다. 영화 〈파도가 지나간 자리〉와 함께다. 영화는 간접 화법으로 야누스에 대해 설명한다. '1월(January)이란 단어의 어원이 야누스야. 야누스 신의 이름에서 온 거지. 야누스는 앞뒤로 얼굴이 하나씩 있어. 늘 양쪽을 바라보고 있어서 두 개의 시선 사이에서 괴로워하지. 1월은 새해를 바라보기도 하고, 지난해를 바라보기도 해.'

영화의 배경은 야누스 섬이고, 섬 위에 우뚝 솟은 등대는 불빛으로 형상화된 앞뒤 얼굴로 양쪽 바다를 비춘다. 폭풍우 몰아치는 밤에도 항해하는 배가 있다. 여전히 삶을 이어 가야 하기에.

1차 세계대전이 끝나자 전쟁 영웅 '톰(마이클 패스벤더 분)'은 '야누스'라는 이름을 가진 외딴섬 등대지기를 자원한다. 보급선 기다리는 것이 유일한 낙이 된 그에게 어느 날 '이자벨(알리시아 비칸데르 분)'이란 여인이 나타나 결혼에 골인한다. 꿈처럼 행복한 시간도 잠시. 이자벨은 두 번의 임신에 두 번 다 유산하는 아픔을 겪는다. 어느 날 파도에 밀려 한 척 쪽배가 섬에 당도한다. 배에는 젊은 남자의 시신과 울고 있는 아이가 타고 있다. 상부에 보고하려는 톰에게 이자벨이 매달린다. 그냥 키우자며. 부부는 자기들이 출산한 것처럼 아이를 키운다.

몇 년 후 육지에 간 부부는 아이 친엄마인 '한나'의 존재를 알게 된다. 톰은 이자벨에게 말하지 않고 아이 딸랑이를 한나의 집에 슬그머니 놓고 나온다. 이것이 증거가 되어 투옥된다.

"무슨 짓을 한 거야. 날 사랑하지 않는 거지. 살아 있는 한 절대 용서 못 해."

이자벨은 남편의 행동을 이해하지 못한다.

"남자는 섬에 도착할 때 사체였어요."

이 한마디면 톰은 풀려나겠지만 이자벨은 말하지 않는다. 부부의 갈등이 깊어진다.

January는 '야누스에 관한 것'이란 뜻의 라틴어 야누아리우스Januarius에서 왔다. 야누스는 문의 신이다. 안쪽과 바깥쪽을 동일시하는 신은 한 손에 열쇠를 들고 있다. 열쇠는 문을 열고 잠그는 기능이 있다.

"예쁜 아이지만 우리 아이가 아니야. 보고하고 정당하게 입양하여 기릅시다."

톰의 제안에 이자벨이 언성을 높인다.

"누가 무인도 등대에 아기를 보내?"

이때부터 이들은 서로 다른 방향을 보게 된다. 한쪽은 미소를 띠고 있지만, 다른 한쪽은 일그러진 얼굴. 언제부터인가 표리부동과 이중성의 대명사가 된 슬픈 야누스. 로마인이 가장 숭배했다는 야누스 신은 다른 문화와 다른 사람을 포용하고 융합하는 정신적 지주였다고 전해진다. 아이러니다.

고객 만족을 최우선으로 하는 어느 서비스 기관에 특강을 갔다. 교육 담당자가 직원들 업무 현장을 돌며 설명했다. 어느 방 입구에 서자 팀장인 듯 보이는 중년 여성이 가로막았다. 여기는 여직원 휴게실 겸 옷장입니다. 죄송하지만 그냥 지나가 주시기 바랍니다. 돌아서려는데 옷장 뒤로 벽면에 붙은 여러 글귀가 보였다. 그중 유난히 눈에 띄는 게 '간 걸개.'였다. 무슨 뜻이냐고 물었더니 간을 저기에 걸어 놓고 유니폼으로 갈아입은 후 현장에 간다는 뜻이라고 했다. 용왕님 만나러 가는 토끼도 아니고 왜 그런 일을? 많은 생각이 꼬리를 물었지만 질문하지 않았다.

실은 나도 곳곳에 간을 숨겨 놓고 살아왔는데……. 그들의 삶이 애처롭다는 생각이 들었다. 그러나 폭풍우 몰아치는 밤에도 삶은 계속 이어가야 하기에, 대놓고 간 이야기를 할 수 없다. 잔잔한 쪽빛 바다만을 희구하는 나의 이기심이 부끄러웠다.

선택이란 측면에서 야누스를 생각한다.

지금 내가 서 있는 방향은 열린 쪽인가, 닫힌 쪽인가.
열린 쪽이라면 닫으러 갈 것이고,
닫힌 쪽이라면 열기 위해 갈 것이다.

올해 나의 생활 방식은 목적은 하나, 행동은 둘이 될 것 같다.

순환 열차

 열차 하면 떠오르는 생각은 떠나는 것이다. 상상 속 플랫폼도 도착하는 곳보다 떠나는 쪽에 있다. 내 떠남의 시작은 예닐곱 살 때쯤이었던 것 같다. 아버지가 서울로 떠났다. 돈 벌러 간 것이다. 나는 엄마와 함께 플랫폼에 서서 아버지를 향해 또 열차를 향해 한없이 손을 흔들었다. 얼마 되지 않아 아버지는 돌아왔지만, 그때 떠난 열차는 지금도 내 뇌리에 생생하게 남아 계속 떠나가고 있다.
 많은 세월이 흐른 뒤 내가 떠나게 되었다. 입영 열차를 탄 것이다. 열차는 겁을 잔뜩 먹은 나를 연무대역에 내려놓고 순식간에 사라져버렸다. 어찌나 야속하던지 휑한 레일을 바라보며 숨죽여 울었다. 떠난 열차를 다시 못 탈 것 같아 서러웠다.
 취직한 딸아이를 떠나보낸 곳도 그 플랫폼이다.
 "마음 단단히 먹어야 한다."

등을 다독여 주고 돌아서려는데 가슴이 저렸다. 아이 체온이 채 가시지 않은 벤치에 멍하니 앉아 여운을 챙기자니 더 슬펐다. 우연하게도 우리 삼대는 이렇게 각각 열차를 타고 떠났다. 어머니 얼굴이 떠올랐다. 아버지를 먼 데로 장사 보내고, 아들 군대 보낸 마음이 이랬을까? 떠난 사람은 말이 없기에, 이별의 아픔은 고스란히 보내는 자의 몫이 된다는 사실을 이제야 조금 알 것 같다.

영화에서도 열차의 출발은 언제나 시리다. 등장인물에 동일시되어 흠뻑 취하다 보면 난데없이 기적이 울린다. 화들짝 놀라 허리를 세우면 연인의 서러운 이별이 수은등처럼 서 있다. 어느 한쪽이 열차를 타고 떠나는 장면에서는 배경 음악이 커지고 영사막이 요동친다.

아이러니하게도 세계 최초의 영화 중 하나인 〈시오라 역에 도착하는 기차〉는 열차의 진행 방향이 내 상념과 다르다. 사람들 사이로 들어오는 것이다. 관객은 열차의 도착을 순환하는 삶의 모습에 견주었고, 죽음이라는 불멸의 적을 물리친 양 개선장군을 맞이하듯 열광하며 반복해서 보았다고 전해진다. 그때의 관심은 온통 살아 움직이는 물체였을 테니까. 미끄러지듯 들어오는 육중한 괴물이 자신들 속으로 돌진하는 것을 보면서 혼비백산했을 것이다.

우리 영화 〈박하사탕〉에서 다리 위로 늘어진 철로는 삶의 질곡을 뚫는다. 생을 포기하려고 기차 앞에 선 주인공 '영호'의 절규는 기적 소리마저 관통하고 잘나가던 시절과 만난다. 관객은 자신이 열차에 오르는 것 같은 환영에 사로잡혀 허우적거린다.

"나 다시 돌아갈래!"

그가 정말 가고 싶었던 과거는 어디였을까. 그곳은 지금 영호의 삶과 어떻게 연결되어 있을까.

영화 〈봄날은 간다〉에서 주인공 '상우'의 할머니는 석양이면 항상 역에 나간다. 기차가 들어오자 벌떡 일어나 하차하는 행렬을 뚫어지게 바라본다. 누군가 기다리는 게 분명하다. 열차가 기적을 울리며 떠나가자 고개를 푹 숙이고 어깨를 늘어뜨린 채 돌아선다. 할머니는 치매 환자다. 기차역 마중은 할머니의 습관이다. 지금 할머니의 의식은 날마다 퇴근하는 할아버지를 기다리던 과거에 머물러 있다.

뫼비우스의 띠처럼 돌고 돌아 원위치. 그게 삶인 것을. 상념 속 나는 늘 떠나가기만 할 뿐 돌아올 줄을 모른다. 무엇을 얻어 오려고 그러는지 모르겠다. 생을 마감할 때나 돌아오려나. 귀로를 잊은 나의 삶은 항상 고달프다.

오늘도 열차는 수많은 사람을 싣고 떠난다. 애달픈 기억의 조각으로 수를 놓은 역사驛舍는 아는 듯 모르는 듯 열심히 구내방송을 토해 내고 있다.

"안녕히 가시고 다음에 또 가십시오."

열차는 레일을 돌고, 사람은 삶의 주기週期를 돈다. 그 속에 내 아버지와 어머니가 있었고, 어느 날은 내 딸아이가 있었다. 여기서 슬픔은 열차의 순환과 특별한 인과관계가 없다. 영화 또한 여러 사람의 삶을 열차에 실어 보내면 그뿐이다.

순환하는 열차,
그는 시간이 되면 돌아오지만
나는 대책도 없이 자꾸 떠나기만 한다.

마사이족
신발 가게 여사장

그날 마사이족 신발 가게에 간 것은 우연이었다. 거리에 내건 플래카드의 RYN(Renovate Your body Newly)이란 영문이 호기심을 자극했다. '당신의 몸을 새롭게 단장해 준다.' 하니 "그래?"

그렇게 된 것 같다. 말쑥하게 꾸민 매장 내부는 보라에 주황의 채색으로 다소 선정적인 느낌을 주었다.

"국산과 외제가 어떻게 달라요?"

불쑥 건네는 내 질문에 주인은 조금 당황하는 듯했다.

"저희는 국산만 취급하는데요. 그렇지만 나름의 특성이 있어요."

특성이란 단어에 힘이 들어가 있었다.

"뭐가 다른데요?"

그녀는 손을 이리저리 돌리며 열심히 설명했다. 국산은 바닥 창이 에어백이며 견고하다는 것. 외제는 스위스 사람이 발명했는데 제작은 베트남에서 한다며 바닥 창이 스펀지로 되어 있어 젖은 땅에 취약하고, 값이 비싸다는 것 등 단점 위주로 말하는 것이었다.

"한번 신어보세요!"

얼떨결에 발을 내밀었다. 발바닥보다 발등의 촉감이 더 부드럽다는 생각이 들었다. 여사장이 왼손으로 신발 끈 부분을 잡고 오른손으로는 발등을 살며시 눌렀다. 뒤축에 공기가 들어 있어 몸이 쑥 들어가는 듯한 느낌이 들었다. 발뒤꿈치를 세운 채로 발바닥을 앞으로 누르며 발을 옮겨 보란다. 한 발 두 발 발을 떼는데 어색하기 짝이 없었다.

"방법을 알려 주셔야지요!"

그러자 여사장이 벌떡 일어나 나란히 선다. 키 높이가 잘 맞는다. 그녀의 구령에 맞춰 발을 옮긴다.

"발뒤축에 힘을 주고 발을 세운 뒤 앞으로 누르기, 출발!"

"하나 둘 하나 둘 셋 넷, 하나 둘 하나 둘 셋 넷."

제식 훈련 같았지만 군대 시절보다 훨씬 재미있었다. 여사장은 연한 배추색을 신었는데, 굽도 낮고 앙증맞은 게 미모와 조화가 잘되었다. 걷는 모습 또한 예쁘기 그지없었다.

"자! 다시 한번. 하나 둘 하나 둘 셋 넷, 하나……."

몇 번을 왕복했는지 모른다. 무도회에 간 '테스'의 마음이 이랬을까? 이대로 저녁 내내 걸었으면 좋겠다고 생각했다. 손님이 한 명도 안 왔으면 좋겠다는 바람과 더불어서다. 힐끗 여사장을 쳐다보았다.

얼굴에 아무런 변화가 없다. 나는 몸이 더워지고 있는데……. 뭐라 말을 건넬 수도 없다. 내가 먼저 말을 걸면 짧은 답변과 함께 그만하자는 말이 나올 것 같았다. 불현듯 미안하다는 생각이 들었다. 살짝 옆얼굴을 볼 때부터 신경이 쓰였던 터다. 발걸음을 멈췄다. 기사도 정신을 발휘하자.

"얼마지요?"

"19만 8천 원입니다."

"주세요!"

포장하는 시간이 물 한 잔 마시는 시간보다 빨리 지나갔다. 이제 계산할 차례다. 거스름돈을 받으면 나는 들어올 때와 전혀 다른 스텝으로 문을 나가야 한다. 밖에서도 발뒤축부터 누르는 습관을 들여야 하겠지. 나는 어느새 마사이족 일원이 되어 있었다. 발뒤축에 힘을 주고 발을 앞으로 누르며 걷기 시작한다. 출입문을 나서니 다른 세상이다. 뒤를 돌아본다. 마사이족 발들이 질서 정연하게 늘어서 있고 기대했던 대로 동족 여인은 미소를 지으며 손을 흔들고 있다. 수줍음 많은 그녀의 얼굴이 어쩌면 그렇게 매력적인지.

뒤바람이 휙 불어 내 머리를 헝클어 놓는다. 내가 스텝을 밟고 있다. 여사장은 이제 엉덩이까지 흔들며 박자를 맞춰 준다. 왈츠를 추는 것 같다. 내추럴 턴, 리버스 턴, 체인지. 아! 마사이족 워킹이여, 그 황홀함이여. 그때 갑자기 간판에 불이 들어왔다. 나는 깜짝 놀라 황급히 돌아섰다.

다음 날 퇴근 시간이었다. 마사이족 신발 가게에 가고 싶어졌다. 마땅한 구실이 없다. 일단 가족용을 알아보는 거다. 그리고 워킹이 잘 안 된다고 떼를 쓰는 거다. 어제보다 더 세련된 분위기가 연출되겠지? 두근거리는 가슴을 안고 출입문 앞에 섰다. 어제처럼 안을 들여다본다. 아니 그런데……. 여사장이 다른 남정네와 워킹하고 있는 것 아닌가. 그것도 깡충깡충 뛰면서 말이다. 돌아섰다. 종전처럼 구둣발 스텝으로 터벅터벅 걸었다.

그 신발,
언제 신을지 알 수 없다.

딴 차

"딴 차* 타면 안 돼요, 딴 차 타지 마요!"

전화가 끊어졌다. 부담스러우리만큼 묵직한 목소리가 귓전을 맴돈다. 택시 기다린 지 벌써 두 시간째다. 무주리조트 설천하우스 대형 식당, 수백 명을 동시에 수용하는 넓은 공간에는 등산객, 스키어 그리고 관광객이 섞여 난장판이다. 애꿎은 어묵을 세 번째 주문했다. 스키 신발 딸가닥거리는 소리가 귀에 거슬렸지만 고개를 돌려 바라보지 못했다. 순찰하는 경찰관처럼 뒷짐 지고 순회하는 식당 매니저가 신경쓰였기 때문이다.

"손님! 식사 다하셨어요?"

질문을 받는 순간 우리는 자리에서 일어나야 한다. 옮겨 갈 곳이 마땅치 않으니 어떻게든 자리를 지켜야만 한다.

---

* 화자의 차가 아닌 다른 차

밖은 강풍에 눈발이 몰아쳐 마땅히 몸을 둘 곳이 없다. 막막하다.

육십령에서 향적봉까지, 겨울이면 덕유산 눈꽃을 보기 위해 자주 능선을 탔다. 화이트 크리스마스를 고대하며 단행한 송년 산행은 기상 악화로 더 진행할 수 없는 상황이 되어버렸다. 곤돌라를 타고 하산했다. 우리 자동차를 주차한 장소로 가기 위해 인근 안성으로 택시를 부른 것이다.

"얼마나 기다리면 돼요?"

"한 이십 분이면 돼요!"

라던 택시가 이렇게 오지 않는 것이다. 오기나 할지 원. 다시 전화했다.

"기사님! 어디세요?"

"아! 여기 터널인데요. 곧 가요. 근디 딴 차 타지 마요!"

진퇴양난이었다. 기다리자니 식당 매니저가 신경쓰이고, 그냥 가자니 기사님에 대한 도리가 아니었다. 식판 들고 빈자리 찾는 사람들이 점점 늘기 시작했다. 또 매니저가 다가오고 있다.

"야! 맥주 마시자."

한 대원이 자릿값으로 맥주를 주문하자는 의견을 냈다.

"설천에서부터 차가 꼼짝도 안 한대!"

누군가가 큰 소리로 정체 심한 진입로 사정을 전했다. 어떻게 한담? 상황은 계속 맥주를 마실 수밖에 없는 방향으로 전개되고 있었다. 그날따라 유난히 맥주가 쓰고 떫었다.

'딴 차 타지 마라!' 택시 기사의 묵직한 목소리가 마음에 파문을 일

으킨다. 약속인데 딴 차를 타겠는가? 그런데 말끝마다 입버릇처럼 당부하는 기사의 딴 차란 말이 묘한 여운으로 남아 생각을 앗아가는 것이었다. 전에 빈 차로 되돌아간 가슴 아픈 사연이 있었을 운전기사의 표정도 궁금해지기 시작했다.

  살면서 딴 차 안 타는 사람이 있을까? 하는 데 생각이 미쳤다. 목표를 자주 바꾸는 사람, 공부 안 하는 학생, 약속 어기는 사람, 자기 말대로 살지 않는 사람, 바람피우는 사람……. 그러고 보니 세상은 어떤 차가 제 차인지 구분하기 곤란하다는 생각이 들었다. 딴 차란 자기 의지에 따라 탈 수도 있고, 의지와 무관하게 타야만 하는 경우도 있는 것을. 군대 갔을 때 고무신 거꾸로 신은 여자친구 생각이 났다. 제대할 때까지 잘 기다리겠다던 그녀는 석 달 만에 딴 차를 탔다. 생각해 보면 그쪽이 제 차를 탔는지 모를 일이다. 이 판단은 내가 할 수 있는 게 아니라는 것을 깨닫는 데 30년이란 시간이 걸렸다. 그런 나는 어디서부터 제 차에 올라타서 지금까지 살고 있는가? 일이 잘 풀리면 제 차를 탄 것이고 잘못되면 딴 차를 탄 것인가?

  세 시간이 지나서야 택시가 왔다. 계단 아래 빈 택시가 줄지어 서서 "합승합니다."를 외치고 있었다. 기사의 이야기를 들으며 나는 가슴을 쓸어내려야 했다. 마을에서 멧돼지 사냥 가자는 것을

  "설천하우스 다녀와서 뒤따를게."

하고 택시를 운행했다는 것이다.

  "돈 삼만 원 때문이 아니고 약속을 지키기 위해 꾹 참고 왔어요. 선

생님들! 기다려줘서 정말 고마워요."
 멀쩡한 사람 네 명이 딴 차 운운하며 비아냥거렸던 게 치사恥事하다는 생각이 들었다.
 "밖은 북풍한설을 피할 한 치의 공간도 없었어요. 그냥 되돌아가시고 저희가 내일 입금해 드릴 걸 그랬나 봐요."
 뒤돌아보는 기사의 표정이 싹 변했다. 나는 아무 말도 하지 않고 다른 데로 고개를 돌렸다. 우리는 그날 딴 차를 타지 않았다.

외장 하드
파일을 날리고

싹 사라졌다. 흔적도 없이. 폴더 몇 개가 남아 있어 열어보니 꼬불꼬불하고 이상한 부호들이 화를 돋운다. 흔들어 보고, 깨워도 봤으나 소용없다. 5년여 동안 공들여 작업한 내용 중 자주 사용하는 파일만 뽑아 SSD 외장 하드에 저장했던 터다. 작업 마친 지 얼마 안 됐으니 백업은 염두에 두지 않은 상태였다. 50GB는 족히 넘을 분량이 날아간 것이다. 난망하다.

데이터 복구 센터에 갔다. 에러 누적으로 복구 불가란 판정이 내려졌다. 패잔병처럼 흩어진 자료 몇 개 내밀면서 가져가려면 5만 원을 더 내란다. 계약 조건이 이랬던가. 싸울 기운도 없어 받아들고 비척거리며 돌아왔다.

수많은 시간, 지난한 감내, 내 모든 노력의 결실을 담고 있었는데 이렇게 떠나고 말았구나. 현실을 어쩔 수 없이 수용해야 하는 지금,

가슴이 미어진다. 너무나도 갑작스럽게 찾아온 이별이기에 상실감은 더 크고 아프다. 오호통재嗚呼痛哉라. 아깝다 파일이여, 불쌍하다 외장 하드여.

산산이 부서진 이름이여, 외장 하드 부여잡고 파일 이름들을 애타게 부르노라. 글, PPT, 발췌 논문, 편집 영상, 사진, 그림, 강의 자료, 보조 자료 1·2·3·4······. 사랑하는 내 자료들이여! 하늘의 별이 되고 말았구나. 불러도 주인 없는 이름이여! 더는 나의 부름에 응답할 수 없게 되었다.

살면서 많은 상실을 경험하지만, 내용에 따라 슬픔을 표현하는 방식은 달랐던 것 같다. 부모님 상喪 당했을 때는 곡(哭. 크게 소리 내는 울음)을 하였다. 연인과 이별할 때는 체(涕. 눈물 흘리고 소리도 내는 울음)를 하였고, 주식 하다가 실패했을 때는 읍(泣. 소리를 삼키고 눈물만 흘리는 울음)을 하였다. 지금 상황은 체涕쯤 해야 하는 것 아닌가 싶다.

'파리가 태어나는 것은 거미에게 잡아먹히기 위해서이며, 인간이 태어나는 것은 괴로움의 노예가 되기 위해서이다.'라고 한 '아르투어 쇼팬하우어'의 말에 공감한다. 괴로움의 노예가 된 지금 극복할 방법이 없으니 울 수밖에. '우리가 손에 넣으려는 대상은 모두 우리에게 저항한다.'라는 그의 말로 위안 삼아야 할지······? 권태를 지우라는 뜻으로 주어진 도전이라면 결단코 사양하겠다.

외장 하드 볼 때마다 떠오르게 될 파일 생각, 걱정이다. 이를 피할 목적으로 외장 하드를 안 보이는 곳에 숨기기로 했다. 타임 캡슐도 아니고, 언제 꺼내게 될지 모르겠지만 그때 보면 적어도 지금보다 징그러움은 덜할 것 같다. 아는가, 양가감정 발현으로 가련한 마음이 솟구칠지? 무엇인가 담아둬야 하겠기에, 생각하다가 지금 쓰는 이 글을 넣고 곱게 포장하여 깊이 묻으려 한다.

걱정은 또 있다. 나는 지금 외장 하드 16개를 가지고 있다. 500GB에서 3TB까지. 영화와 사진을 다루다 보니 쌓인 게 외장 하드다. 이를 어떻게 백업해야 할지 고민이다. 어느 한쪽에서 반란이 다시 일어나면 삶의 의욕까지 잃어버릴 것만 같다.

2009년 어느 날 시골로 발령이 났다. 원해서 간 곳이지만 발걸음은 무거웠다. 뒤따라 큼직한 소포 하나가 도착했다. 친구가 보낸 것인데, 꺼내 보니 크기가 말만 한 외장 하드였다. 전원 코드를 끼우고, USB 포트에 선을 연결한 후 ON/OFF 버튼을 누르면 작동되었다. 폴더를 만들고 자료들을 옮기는데, 속도가 광속이었다. 덕분에 PC 바탕화면도 깨끗해졌다. 작업 끝나고 이동할 때는 옆구리에 끼고 반듯이 걸었다. 사람들이 무엇이냐고 물으면 새로 나온 컴퓨터라며 호언했다. 기관, 단체장 회의 때 일부러 들고 가 자랑도 했다. 군수 영감이 무엇이냐고 묻기에 새로 나온 컴퓨터라고 말했다. 옆에서 군청 직원이 말없이 히죽히죽 웃었다. 그 외장 하드는 명도 길다. 지금까지 파일 손상 하나도 안 됐다.

허전한 마음 부여잡고 PC 앞에 앉는다. 화면에서 별이 반짝인다. 내 영혼은 지금 안드로메다은하에 있다.

효 오디세이

　노인복지와 효를 연구하고 교육한다는 전주시 효 문화원 개강식에 갔다. 부원장인 친구를 응원하기 위함이었다. 한 달에 한 번 하는 동기동창 모임에서 그는 효를 이야기하려다 제지당한 적이 있다. '고리타분하다, 진부하다, 도道는 나도 안다.' 뭐 이런 식으로 말을 막는 통에 입을 열 엄두를 내지 못했다.

　수염, 한복, 건巾, 큰절, 가부장……. 용기를 내기는 했지만, 행사장에 들어서면서 뗄 수 없는 선입감과 예법에 대한 부담으로 온몸이 뻣뻣해졌다. 잘 버텨보자는 생각뿐. 그런데 장내에 들어서는 순간 입을 떡 벌리지 않을 수 없었다. 안에는 말쑥한 차림의 신사 숙녀가 가득 모여 있었다. 효를 하는, 효를 하려는 분들이었다. 이미 수백 명이 교육을 받았고, 많은 사람이 '효 지도사'로 활동한다고 했다.

　여기서는 효를 HYO라고 쓴다. Harmony of Young & Old의 이니셜이다. '자녀 세대와 부모 세대의 화합'을 목표로 한다. 또 한 세대가

30년이란 사실을 강조한다. 30세, 60세, 90세, 120세 이렇게. 윗사람과 아랫사람으로 구분하던 이분법적 효와 성질이 다르다. 자기적, 가정적, 사회적, 국가적으로 구분하여 접근한다. 당연히 대상은 전 연령층이다.

내가 아는 효孝는 그저 부모님 잘 모시고 선조에 대한 제례를 잘 지내는 것이었다. 사회적, 국가적 효를 간과한 것이다. 모임에 나온 나의 친구들 또한 그랬으려니 싶다. 효를 강조하는데, 효를 받아들이는 주변 사람들의 의식은 나와 비슷하게 전통적 효 관념에 머물러 있는 듯 보였다.

이런 시도가 있구나. 우리나라는 이미 초고령 사회로 접어들었고, 1인 가구가 30%를 넘어섰다는 통계가 있다. 급변하는 환경 속에 소위 1~4세대가 섞여 살고 있다. 문화나 가치관에서 현저한 차이가 있음은 두말할 나위도 없다.

영화 〈은교〉에 '이적요'라는 국민 시인이 나온다. 시인을 그림자처럼 따라다니는 제자 '서지우'는 스승의 작품, 명성, 문학적 영감까지 다 빼앗아간다. 서지우가 문학상을 받게 되자 시상식에서 스승 이적요가 축사한다.

"너희 젊음이 너희 노력으로 얻은 상이 아니듯이 내 늙음도 내 잘못으로 받은 벌이 아니다." 이런 명대사(실은 '로스케'의 시를 인용했지만)가 어디 있을까 감탄했다. HYO라는 관점에서 보면 이적요와 서지우의 관계는 시종 조화롭지 못하다.

영화 〈수상한 그녀〉는 교수가 학생들에게 질문하는 장면으로 시작한다.

"노인을 떠올렸을 때 제일 먼저 생각나는 편견과 선입견과 이유를 말해 보세요."

학생들이 주저 없이 말한다.

"검버섯, 탑골공원, 거북이, 퀴퀴한 냄새, 얼굴이 두껍다."

한 학생은 자기는 30대에 자살할 것이라며 구질구질하게 7·80세까지 살지 않겠다고 말한다. 교수는 너무한다며 질책한다. 노인 문제 전문가라고 자타가 공인하는 이 교수님, 얼마 지나지 않아 건강에 특별한 문제가 없는 자기 홀어머니를 요양병원에 보낼 계획을 세운다.

최근 웰빙과 웰 다잉에 관한 이론을 체계화한 〈생사학〉 강의를 들을 기회가 있었다. 과목마다 일관된 주문이 있는데, 무엇인가 내 안에 들어오면 받아들이라는 것이다. '고통이, 슬픔이 찾아오면 손님 모시듯 받아들여라. 그로 인해 더 크게 당하지 않으려면……. 받아들이는 순간 혼자가 아님을 알게 될 것이다.' 누구나 받아들이는 것을 제대로 하는 것이 하모니(Harmony)가 아닐지 생각했다.

공자님은 '군군신신부부자자君君臣臣父父子子' 즉 '임금은 임금다워야 하고, 신하는 신하다워야 하며, 아비는 아비다워야 하고, 아들은 아들다워야 한다.'라고 말씀하셨다. 임금이 임금 답지 못하고, 신하가 신하답지 못하며, 아비가 아비답지 못하고, 아들이 아들답지 못하면 곡식이 있다 한들 내 어찌 먹을 수 있겠소. 이러한 공자의 정명 사상은 사회 성원 각자가 자기의 명분에 해당하는 덕을 실천함으로써 올바른 질서가 이루어지는 세상을 말한 것이려니 싶다.

김홍도의 그림에 〈자리 짜기〉가 있다. 하루 일을 끝내고 남편은 자리를 짜고, 아내는 길쌈을 하고, 아들은 열심히 책을 읽는 모습이 그림에 담겨 있다. 일과 후에도 부모님이 열심히 일하니 아이도 부모님을 본받아 열심히 공부하는 모습이다. 고사성어 추기급인推己及人은 '자기 자신의 처지를 헤아려 남의 처지를 이해한다.'라는 뜻이다.

HYO가 세대 간 화합이 궁극적 목표라면 윗사람과 아랫사람의 관계 설정에 노력을 기울이는 것이 중요하다. 더불어 상대방의 처지를 이해하고 배려하는 자세를 갖는 게 우선되어야 할 요목 아닌가 생각한다. 사람 냄새 나는 윤리와 도덕 교육이 중요하다. AI가 현실이 되고, 유저가 인공지능 영화 속 캐릭터와 맞장뜨는 MZ세대에게 지금의 효가 타당할까?

Chat GPT에게

"효와 AI의 상관관계에 대하여 설명하고 그림을 그려줘."

프롬프트를 넣었더니 '한 청년이 AI 기술을 사용해 부모님을 돕는 모습을 담고 있습니다. AI 장치들이 일상적인 업무를 돕고 있으며, 배경에는 태극기와 효라는 글자가 명확히 표시되어 있습니다.'라는 응답이 나오고 이미지는 청년이 아버지와 손잡고 서 있는 사이로 로봇이 있고, 벽에는 태극기가 게시되어 있다. AI에게 HYO를 많이 가르쳐야 할 것 같다.

3

내 눈만 한
세상

내 눈만 한
세상

　도깨비를 보았다. 도깨비는 우리 집 앞 냇물 건너편 밭둑에 나타나 춤을 추었다. 불을 들고 계속 돌리는데, 횃불 같기도 하고 관솔불 같기도 하였다. 조금 지나니 불이 사방에서 들락날락하였다. 불의 숫자가 점점 늘어나기 시작하였다. 저들은 필경 우리 집에 쳐들어와 집을 태우고 말 거야. 몸이 서서히 오그라드는 것을 느꼈다. "아" 하고 외마디 소리를 질렀다.

　초등학교 때 웅변을 했다. 군 단위 예선에서 1등을 하여 도지사 주관 대회에 참가하게 되었다. 장소는 전주 시민문화회관. 이백 자 원고지 다섯 장 분량을 달달 외워 목청껏 외치며 몸짓, 손짓으로 힘차게 주장하면 되는 시합이었다.

　단상에 올라 연단 앞에 서서 들고 간 원고를 내려놓았다. 좌중을 가볍게 둘러본 후 시작하면 된다. '하나, 둘, 셋 시작!' 앞을 보다가 그만 몸이 꽁꽁 얼어붙고 말았다. 입이 열리지 않았다. 연단 밑 맨 앞줄에 앉은 선생님이 안절부절못하며 어서 하라는 듯 계속 손짓을 보냈다. 아, 2층에서 수많은 눈이 일제히 나를 바라보고 있다. 세상에, 2층에 사람이 있다니. 수백 명은 족히 될 듯하다. 그렇게 많은 사람이 2층에 앉은 모습을 처음 봤다. 그들이 뿜어내는 눈빛은 나를 당장 집어삼킬 것만 같았다. 바지에 실례도 했다.

하늘, 땅, 바다, 산, 강, 들……. 캐나다 서부 여행을 끝내고 밴쿠버에서 비행기를 탔다. 목적지는 샌프란시스코. 곧 착륙한다는 안내멘트가 나왔다. 처음 보는 곳이기에 상공에서 도시 전체를 내려다보고 싶어 비행기 창에 눈을 대고 부라렸다. 시내가 한눈에 들어왔다. 원하는 만큼은 아니었으나 두루 볼 수 있었다.

40년간 직장생활을 했다. 그곳 세상은 항상 상사의 눈높이에서 움직이고 있었다. 내가 봐서는 안 되는 세상이 많았다. 보고 싶어도 볼 수 없는 세상도 있었다. 세월이 흘러 내가 그 자리에 앉게 되었다. 앉고 보니 그 자리에서도 내 마음대로 볼 수 없는 게 많았다. 눈치는 계속 봐야 했다.

패키지 해외여행을 할 때면 아쉬운 게 많다. 가이드의 지시에 따라야 하니 말이다. 무엇이든 차분히 보고 싶은데 금방 이동하자며 성화다. 로마에 갔다. '시스티나 성당' 천장 벽화에 취해 있는데, 가이드가 출발하자며 재촉했다. 바닥에 누워버렸다. 영화〈벤허〉에 나오는 전차 경기장을 보여달라고 부탁했는데 거절당했다. 저녁 자유 시간을 이용할까 했으나, 야간 통행이 자유롭지 않아 엄두를 낼 수 없었다. 보여주는 곳만 봐야 하는 형편없는 눈이었다.

 선을 두 번 봤다. 볼 때마다 상대 여성이 다 예뻤다. 어깨너머로 보이는 배경까지도 모두 황홀했다. 문제는 눈이다. 눈을 맞출 수 없었다. 묻는 말에 짧게 답하고는 고개를 숙이거나 옆을 바라보곤 했다. 매번 말할 때마다 내 목소리에 가는 떨림이 있었다. 침묵이 잦았다. 조절할 수 없는, 조절 안 되는 이런 상황을 뭐라고 해야 하나. 이런, 둘 다 깨졌다. 선은 눈을 보는 것임을 깨진 후에 깨달았다.

 세석평전과 곰배령 평전을 좋아한다. 백두대간 다닐 때 철쭉과 야생화에 푹 빠졌던 곳이다. 산은 넉넉하여 가슴을 평평하게 다듬어 내주는 것 같다. 밤에는 별을 보았다. 별은 한꺼번에 쏟아졌다. 회오리바람이 일 듯 거세게 휘몰아쳤다. 몸이 별 속으로 빨려들었다. 풍선에서 바람이 빠지듯 몸이 쪼그라드는 기분이었다. 별 중에는 왕방울만 한 큰 별도 있다. 어떤 별은 수족관에서 금붕어가 뻐금거리듯 몸을 부풀렸다가 오므리기를 반복한다. 주변에 빛이 하나도 보이지 않는 칠흑 같은 밤, 성단星團은 송두리째 내 가슴에 내려앉았다.

 눈에 가을이 왔다. 두렵고, 무섭고, 황홀했던 눈……. 눈의 계절이 바뀐 것이다. 돋보기를 껴야 하는 경우가 많아졌다. 보기 싫은 것은 보지 않는 습성이 생겼다. 자연히 눈을 맞추는 일도 줄었다. 요즈음은 상대의 눈길 따라 내 눈의 높낮이를 바꾸는 일이 거의 없다. 내 마

음의 풍경에도 서서히 변화가 왔다. '아리스토텔레스'는 말했다. '정신이 어떤 상像 없이는 결코 사고思考하지 않음을 믿었다.'라고. 눈을 통한 지각은 볼 때마다 상이 맺히는 시각적 사고(Visual Thinking)다.

   세상은 늘 내 눈만 했다. 꿈속에서 도깨비를 볼 때부터 쭉 그랬다. 등잔 밑을 맴돌던 시각, 사고. 나의 심상心象은 대부분 눈 따라 맺힌다는 사실을 깨닫는다.

내가 본 것이 내 세상이다.
내가 간 곳까지가 내 세상이다.
그곳에 꼭 나만 한 세상이 있다.
세상은 언제나 내 눈만 하다.

이모티콘과
감정 표현

"카톡"

신호음이 울리기에 핸드폰을 봤다. 다짜고짜 졸라맨 둘이 튀어나오며 한쪽이 상대를 혼낸다.

"고따구로 할 거임?"

빠르고 카랑카랑한 음성이 격정적이기까지 하다. 혼이 난 쪽은 움츠린 채 땀을 흘리고 있다. 무슨 뜻이지? 이모티콘을 보낸 선배의 생각을 알 수 없어 고민했다. 답장하려니 막막하다. 머리 위로 하트 만드는 소녀 그림을 골라 보냈다.

"잘 지내시지요?"

대꾸가 없다. 나에게 섭섭한 게 있는 것일까? 전화했다. 너털웃음과 함께 말이 이어진다.

"하하하, 재밌지? 시원하지? 이런 것 만드는 친구들 천재야, 천재. 요새는 얘들이 할말 다 한다니까."

왜 이러시나. 고민 끝에 들은 말 치고는 너무 허접하다. 선배가 사용한 이모티콘 전체를 내려받아 열어봤다. 나를 혼낸 그림 옆으로 "때릴 거야?", "니가 참아." "털면 다 나와."

이런 자극적인 내용이 빼곡하다.

선배의 재미와 시원함 속에 내 기분이 조금이라도 들어 있기는 한 것인지……? 심리 게임 아닌가 하는 생각이 들었다. '타인과의 관계 속에서 자기의 욕구를 충족시키기 위하여 습성화된 책략을 사용하는 무의식적이고 반복적인 게임 또는 놀이' 말이다. 심리 게임이라면 추호도 말려들고 싶지 않다.

이모티콘은 감정을 의미하는 영어 Emotion과 유사 기호를 의미하는 Icon을 합쳐서 만든 말로 감정을 표현하는 기호들을 말한다. PC로 문자를 사용하는 대화, 소위 채팅을 하면서 등장했다. 문자만으로 전달할 수 없는 다양한 감정을 편하게 전달할 수 있는 장점이 있다. 우리나라에서 최초로 사용한 이모티콘은 ^^와 -_- 라고 한다. 웃음과 응원을 보낸다는 의미로 사용되었다. 지금은 다양한 이미지에 음성까지 탑재하여 캐릭터로 사용하고 있다. 그런데 이렇게 감정을 마구 드러내도 되는가. 그리고 이 감정은 무엇이며 누구를 위한 것인가?

관계 속에서 발생하는 반응으로 '도구적 감정 반응'이란 게 있다. '상대방과의 상호 작용을 통해 학습된 감정 반응'을 말한다. 악어의 눈물이 상대방을 조정하기 위해서 흘리는 도구적 슬픔이라면, 엄살을 부리는 것은 도구적 두려움이라고 할 수 있다. 마지못해 웃는 것은 도구적 아픔을 말하는 것이리라. 감정을 애써 감추는 것이 미덕이던 때가 있었다.

선배도 억압된 감정을 도구적으로 사용하여 자신은 정화 효과를 누렸을지 모를 일이다. 사실이라면 내가 선배 의도에 대해 고민한 것은 치사한 것이 되고 만다. '프랑스와 플로르 외 1인' 공저 《내 감정 사용법》은 '특히 분노나 슬픔의 감정이 느껴지면 이를 즉각적으로 매우 강하게 표현하는 것이 제일 좋다.'라고 말한다.

영화 〈이모티: 더 무비〉는 이모티콘이 모여 살아가는 세상을 그린다. 구성원이 지켜야 할 제1원칙은 한 사람당 하나의 표정이다. 지키지 않으면 삭제한다. 한 사람이 여러 표정을 짓는다면 그 세상의 인구는 현저히 줄 테니까. 의사 역할을 하는 '헤키'는 다양한 표정을 지어 경찰에 쫓기는 신세가 된 주인공 '진'에게

"여러 감정이 뒤섞이는 게 좋아."

라고 말한다. 영화는 끝까지 진을 보호한다.

머지않아 여러 감정을 동시에 분출하는 이모티콘이 나올지도 모른다. 카톡에 실려 온 이모티콘 하나 놓고 미주알고주알 하는 게 가당한 일인지 모르겠다. 일방적이고 찰나적 감정 전달 방식이 하나의 틀이 되고, 사람들이 그 틀 속에서 기계처럼 운신해서는 안 되겠다고 생각한다. 알고 보니 이 선배, 그 이모티콘을 많은 사람에게 보냈다.

자아 방어기제에 투사投射가 있다. '나의 용납할 수 없는 욕망이나 충동을 타인에게 귀속화歸屬化하는 것'을 말한다. 성적 또는 공격적

충동을 내가 아닌 다른 사람이 가지고 있는 것으로 본다. 현실을 부정하거나 왜곡시키며, 무의식 수준에서 일어난다는 특성이 있다.

내가 소지한 이모티콘을 모두 헤아려 봤다. 50모둠(가칭 이모티콘 한 개의 단위)이 넘는다. 모둠 별 이모티콘 안에 들어 있는 이미지가 평균 25개라고 한다면 1,250개가 된다. 물론 자주 사용하는 이모티콘을 별도로 모아 두는 공간이 있지만 때로는 답장을 위해 적당한 이미지를 찾아보기도 한다. 내가 자주 쓰는 이코티콘은 61개다. 이 이모티콘으로 얼마나 많은 사람에게 내 감정을 전달했을까? 상대방의 기분을 상하게 한 경우도 제법 많았을 것이라 생각하며 고개를 숙인다.

카카오톡 이모티콘 숍에 들어가 봤다. '이모티콘 자유이용권 60만 개를 무제한으로!'라는 광고문이 보인다. 이를 구매하여 누구에게 어떻게 쓸까. 아래에 인기 이모티콘이 쭉 나열되어 있다. 챗 GPT에게 주문하면 원하는 이미지를 얼마든지 만들어주는 세상이 되었는데, 앞으로 이 홍수를 어떻게 감당한담.

수시로 변하는 나의 기분, 찰나적 충동, 상대에게 어쩔 수 없이 귀속되는 상황, 답장……. 이 모든 것이 이모티콘에 실려 날아간다. 그림 속 메시지는 결국 내 감정 아닐까? 선택된 감정. 여과되지 않은 감정. 감사하고, 공감하고, 배려하는 그림에도 나의 감정은 들어 있다는 생각이다. 위로하는, 기쁨을 주는, 함께하는 긍정적 투사를 한다면 세상은 더 많이 밝아지리라 믿는다. 앞으로 이모티콘 고를 때 고민이 더 많을 것 같다.

사진은
느낌을
찍는 것

8월 곰배령은 야생화 천국이다. 닭의장풀, 노루오줌, 흰물봉선, 어수리꽃……. 탐방객들과 함께 길을 따라 걷자면 찰칵찰칵 꽃망울 터지는 소리에 마음도 덩달아 열린다. 정해진 구간을 4시간 정도 걷고 나니 꽃보다 사진이다. 갤러리 속 사진을 들여다보며 변별한다. 내가 찍은 사진, 내 사진, 내가 찍은 내 사진……. 사진은 느낌을 찍는 것이라는데, 연신 셔터를 누르던 탐방객들은 무엇을 찍었는지 궁금하다.

사진 속 꽃들을 보고 있자니 꽃이 무슨 죄인가 싶다. 나도 모르게 마구 지우고 있으니 말이다. 한 장 한 장이 종류가 다르고 찍은 위치도 다르다. 한순간의 증거이고, 더군다나 먼 길 달려와서 온갖 정성을 들여 찍은 꽃인데, 지우는 심리는 무엇일까? 사진 치료자 '주디 와

이저'는 심리적 도구로서 사진을 정의한다. '사진은 우리 마음의 발자국이고, 우리 삶의 거울이며, 우리 영혼의 반영이고, 적막한 한순간 우리 손안에 쥘 수 있는 응고된 기억이다.'라고.

셔터(Shutter)는 세상을 여닫는 장치다. 건물 셔터나 카메라의 그것이나 뜻이 같다. 한번 열었다 닫는 일이 그저 단순히 들어오고 나가는 일 같지만, 따지고 보면 사진 찍을 때의 정성은 깊다. 한 장의 사진을 대하는 자세가 진지해야 하는 이유다. 사진은 찍기보다 보기가 더 어렵다.

최근 주목받는 사진 치료(Photo Therapy)에서는 사진 지각의 주관성을 강조한다. 영화 〈클로저〉에 이에 관한 장면이 나온다. 실연당한 여인 '엘리스'는 사진작가 '안나'의 전시회에 걸린 울고 있는 자기 사진을 보며 말한다.

"거짓투성이죠. 남의 슬픔을 너무 아름답게 찍었어요. 사진은 세상을 아름답게 왜곡시키죠. 전시회는 말짱 사기극인데, 사람들은 거짓에 열광하죠."

엘리스는 무엇을 원했던 것일까? 걸려 있는 저 사진이 자기만의 지각이라면 지금 한 말은 푸념일 수밖에 없다. 우리 일상에서 시간과 공간은 고정되어 있지 않다. 상황도 마찬가지다. 야생화 천국을 일전하고 나서 꺼내 본 내 사진이 그것을 증명한다. 꽃은 환희에 차 피어 있다. 다소곳이 핀 꽃도 있다. 사위는 온통 푸른 초원이고 각양각색의 꽃들로 향연을 벌이고 있지만, 이는 탐방객의 것일 수도 아닐

수도 있다.

영화에서 사진작가 안나가 인물 사진을 찍을 때 하는 말이 있다.

"등 곧게 펴세요. 눈썹 올리지 말아요. 뻔질나 보여요."

요즈음 사람들 단체 사진 찍는 모습을 보는 내 느낌을 표현하자면 '뻔질나다'이다.

"하나, 둘, 셋 파이팅!"

약속이라도 한 듯 일사불란한 포즈에 구호가 되어 버린, 대한민국 어디에서나 볼 수 있는 풍경……. 출정을 앞둔 전사들과도 같은 저 연출은 애초에 누가 기획한 것일까. 한때는 사진 찍기 전에 사진 기사가 입술에 침을 바르라고 했다. 모두 지시에 따랐고 그 사진은 사진 기사가 원하는 대로 잘 나왔다. 그런 가운데 변하는 게 있다. "김치!"다. "치~" 하면 입꼬리가 올라가 예쁘고 편한 얼굴이 될 것이란 기대가 있었다. 요즈음은 잘 안 한다. 김치 느낌 말고 피사체 느낌이어야 한다.

있는 그대로 찍으면 안 될까?
파이팅, 입술에 침 바르기, 김치 뭐 이런 것 하지 말고.

무엇을 찍는가.
왜 찍는가를 생각해 보면 느낌도 찍히지 않을까?
특히 가족사진은 찍는 이의 간섭이 더 심한 것 같다. 가족사진 찍을 때 연출한 장면을 사진 치료에서는 '위장된 평화'라고 부른다. 가운데 앉은 아버지는 저절로 권위가 우러나와야 하고, 엄마는 모두를 위해 염려하는 표정을 지어야 한다. 뒷줄 막내는 그저 배고픈 표정이 역력하면 된다.

요즈음 무보정 사진이 인기를 끄는 것은 사실성寫實性을 중시하는 시대적 요구도 있겠지만 느낌을 담으려는 노력의 일환 아닐까 생각한다. 포토샵으로 꾸민 증명사진에서 어떤 느낌을 얻을 수 있을까. 아버지 군대 계실 때 찍은 사진, 나의 초·중·고등학교 졸업 사진, 드라마 〈미스터 션샤인〉 속 구한말 사진 등의 공통점은 그저 사실적이다.

곰배령에서 찍은 초원과 꽃을 다시 한 장 한 장 넘겨본다. 나랑 함께 찍은 꽃은 두 장으로 어수리꽃과 둥근이질풀이다. 어떤 느낌으로 이 꽃과 함께 사진을 찍었는지 기억이 없다. 알아보니 어수리꽃은 우리나라 각지에서 많이 피는 흔한 꽃이다. 잎을 나물로 만들어 임금님 수라상에 올렸다 하여 어수리라 했다는데, 맛을 보고 싶은 충동이 인다. 둥근이질풀은 잎이 3~5개로 갈라진 줄기에서 분홍인지 홍자색인지 분간하기 어려운 꽃이 핀다. 두 꽃과 나란히 서서 셀카를 찍었는데, 누구의 지시도 없었다. 이들과 만남은 오늘 나에게 어쩌다 느낌이다.

면사무소 앞
면사무소

　면面사무소에서 일을 보고 나오는데 정문 건너에 '금구 면사무소'란 간판이 보인다. 뭐지? 기관 간판을 베끼다니……? 호기심을 안고 들어가 보니 면麵을 주로 파는 분식집이다. 국수를 주문하고 두리번거리는데 탁자마다 짬뽕이 놓였다.
　"이 집, 짬뽕이 유명한가요?"
　옆 탁자 어르신에게 여쭈었더니 고개를 끄덕인다.
　"주문한 국수 짬뽕으로 좀 바꿔주실 수 있어요?"
　흘깃 바라보던 종업원이 주방 앞으로 달려가더니 큰 소리로 외친다.
　"면장님! 홀에 국수 하나 짬뽕으로 바꿔주세요."
　'면장님?'
　곧 메뉴가 바뀌어 나왔다. 쫄깃한 면발에 해물과 채소가 듬뿍 얹힌 짬뽕 맛이 일품이었다. 먹고 나니 마음이 맛보다 면장이다. 언제부

터 저 호칭을 썼을까……? 재미 삼아 썼을까? '알아야 면장을 하지.'
란 말도 떠올랐다. 조금 전에 만난 면사무소 면장面長님은 알아서 면
장을 하시나? 어쩌면 이 식당 면장님은 주인이 아닐지도 몰라.

 면장이라! 사전은 '어떤 일을 하려면 그에 맞는 학식과 실력을 갖
춰야 한다.'라는 뜻의 속담을 인용하여 뜻을 풀고 있다. 한자 풀이로
보면 이해가 더 쉽다. 낯 면面, 담 장墻이므로 '담을 마주 대한다.'라
는 뜻이다. 담으로 인해 앞이 막혔으니 진행하려면 담장을 치워야 한
다. 방법을 알아야 치울 수 있다. 그러므로 '면免 면장面墻'이라 해야
마땅하다고 해석을 달았다.

 내가 초등학교 다닐 때 지역 면사무소는 담장 하나로 우리 학교와
경계를 이루고 있었다. 블록을 사용하여 튼실했는데, 나무로 가려진
외진 구석에 개구멍이 하나 있었다. 이곳을 통해 빠져나오면 바로 면
사무소이고 옆은 상가 골목이다. 상가래야 신발 가게와 선술집이 전
부였던 것 같다. 술집 앞을 지나갈 때면 뱃속이 쿨렁해지고 서운한
기운이 엄습했지만 그래도 나는 이 길이 즐거웠다. 어느 날 길을 지
나치는데 누군가가 나를 잡아당겼다. 엉겁결에 술집 안에 들어선 나
는 안절부절못하고 있었다.

 "국수 하나 말아주시오."

 말하는 이를 보니 우리 마을 이장님이었다. 면사무소 왔다가 한잔
하는 중이려니. 그날 먹은 국수는 내 생에서 가장 맛있는 국수였던
것 같다. 후에도 이 길을 갈 때 누군가의 손길이 내게 미치기를 은근

히 바랐다.

　문제는 지름길인 면사무소 쪽이다. 두근거리는 가슴을 진정시키며 날쌔게 몸을 들이밀면

　"붕"

하는 소리와 함께 오토바이가 들어왔고, 검정 색안경을 쓴 면장 영감님이 허리를 꼿꼿이 세운 채 타고 계셨다. 아, 면장님! 나는 그만 몸을 뺀 후 다음 행동을 이어갈 엄두를 내지 못했다. 오토바이의 위용 때문인지, 면장님의 위엄 때문인지 알 수 없는 일이었다. 하여튼 당시에 면장님 알현은 대부분 그렇게 이루어졌으며, 그 앞에서 나는 작기만 한 존재였다. 뜻을 알고 나니 면장面長님은 개구멍 울타리를 넘을 줄 알아야 비로소 면장面墻이 되니 담을 넘는다는 차원에서는 나와 피장파장인 셈이다.

　요즈음은 세상이 변해서 면사무소란 명칭을 찾기 어렵다. '주민자치센터', '행정복지센터' 등으로 바꿔 부르다 보니 장長의 명칭도 센터장으로 불러야 하는 게 아닌가 싶다. 그렇다면 분식집 주인 면장麵長이 제격 아닌가.

　얼마 전 중국 서안 여행을 했다. 지나치는 곳마다 삐앙삐앙면麵 가게가 성업 중이었다. 면발이 벨트처럼 넓고 가락이 길어(한 그릇이 긴 면발 하나임) 손질하면서 먹어야 하는 면이었다. 추운 겨울을 버티기 위한 음식이어서 매운 고추를 많이 넣어 내 식성에는 맞지 않았다. 간판은 끝 자를 면麵과 면面으로 각각 병용하고 있었다. 그리고

보니 이들이야말로 사장을 면장이라 불러야 하지 않을까 싶었다.

　완주 봉동에 '봉동 짬뽕집'이 있다. 고기와 해물 그리고 채소를 듬뿍 넣어 얼큰하게 만든 짬뽕은 맛이 아주 일품이다. 맛집으로 널리 소문이 나서 30분~1시간 정도 대기해야만 먹을 수 있는 집이다. 키오스크에 입력하고 기다리면 카카오톡으로 콜이 온다. 우리 일행도 순서가 되어 자리를 잡았는데, 한 사람이 메뉴를 짜장면으로 바꾸고 싶다기에 여직원에게 부탁했다. 될지 모르겠다며 주방으로 달려가더니 큰 소리로 말한다.

　"부면장님! 00번 짬뽕 하나 짜장면으로 바꿔줘요."

　면장과 부면장님의 의미화로 우리는 한껏 즐거워졌다. '알아야 면장을 하지'란 말의 뜻이 더 재미있어지는 시간이었다. 앞으로 우리나라 분식집 간판이 '면사무소'로 바뀔지 모른다. 면장님은 최신형 오토바이를 탈 것이다.

차향망우 茶香忘憂

커피가 대세라지만 나는 녹차(발효차 포함)를 최고로 알고 마신다. 처음 혀에 닿았을 때 쌉싸름하던 맛이 목을 통과할 때 단맛으로 변한다. 혀가 단맛을 느끼는 위치는 앞쪽이라고 배웠는데 어찌된 영문인지 모르겠다. 차츰 입안을 가득 채우는 감지甘旨는 행복이다.

귀한 사람과 차를 우려내어 향까지 나눠 마시는 일은 큰 기쁨이다. 진동하는 향을 매개로 하는 교류는 신비롭다. '찻잎을 딸 때의 향기와 마지막 덖었을 때 향기가 같아야 최고의 차茶'란 말이 있다. 사람의 대화도 시작과 끝이 같아야 한다. 향기를 나누는 교통은 영검스럽다.

차를 구하기 위해 하동 화개에 자주 간다. 시배지始培地 차밭은 항상 단정하게 커트 머리를 하고 있다. 차 나무들은 늘 종알거릴 태세를 하고 다복다복 모여 있다. 흙냄새 물씬 풍기는 비탈진 밭 끝에는 대나무가 무성하고 돌아서면 무시로 풍구질하는 지리산과 백운산 자락이 겹겹이 늘어서 손짓한다.

새벽에 연우煙雨를 맞으며 시배지를 돌자면 애초롬한 생명력을 느낄 수 있어 좋다. 찻잎마다 금쪽같은 물방울이 줄줄이 맺히는 게 신비롭다. '찻잎은 대나무에서 떨어지는 이슬을 먹고 산다.'라고 했던가. 보고 있으니 머리에 엉겼던 근심이 바람에 흩어지는 모닝글로리처럼 확 풀어진다. 운권청천雲捲晴天이다.

화개 차의 역사가 시작되었다는 '석문' 마을은 언제 와도 예스럽다. '청파'* 선생 제다 전수자 한 분을 만났다. 세작과 우전을 비교하다가 핀잔을 들었다.

"차는 모두 같은 것입니다."

라고 했다. 당연히 부르는 것도 차라고 하면 된단다. 야생차면 좋고, '오미五味 즉 쓴맛, 떫은맛, 신맛, 짠맛, 단맛이 나면 최고'라고 했다. 차는 우려내는 사람의 손길에 따라 맛과 향이 달라진다며 지리산 깊은 골에서 채취하여 빚었다는 야생차를 내놨다. 쓴맛, 떫은맛, 단맛은 느끼겠는데, 신맛과 짠맛은 도무지 찾을 수 없었다.

차를 알고 싶다고 했더니 팽주가 되어 정좌한다. 집게로 잔을 들어 찻상에 올려놓고 잔을 채운다. 찻잔을 든 내 손끝이 가늘게 떨렸다.

"어떠세요?"

---

* 청파: 본명은 조병곤. 청파는 그의 호다. 해방 이후 중국에서 귀화하여 하동 쌍계사로 들어와 제다製茶의 맥을 되살린 인물. 지금도 쌍계사 앞 석문마을 사람들은 그를 은인으로 생각하고 있다.

맛을 묻는 것인지 느낌을 묻는 것인지 몰라 당황한 나머지 좋다고 했다.

"무엇이 좋은데요?"

라는 질문은 나오지 않았다.

"차를 마실 때는 눈이 찻잔에 가 있어요. 눈이 다른 곳을 보지 않으니, 자신을 향해 있다고 말할 수 있죠. 눈은 감지 마세요. 오감이 깨어 있어야 하니까요."

팽주는 음식 중 가장 맑은 게 차라고 했다. 청파 선생은 차에서 냄새가 날까 우려하여 비누로 손을 씻지 않았다고 한다. '일상다반사'라지만……. 이제부터 차를 대할 때 겸손해야겠다고 생각했다.

이규보는 다시茶詩 복화復化에서 '차茶와 선禪은 한 맛[茶禪一味]이다. 그러므로 도를 깨달은 차는 세속적인 음료가 아니다. 신비하고 신묘한 차를 마시는 사람은 도인이다.'라고 했다. 차를 마시면 기운이 백회혈에서 용천까지 미친다. 색 향 미(시각+후각+미각)가 적절히 배합된 좋은 차는 기본적으로 어리고 부드러운 외형, 맑은 탕 색, 부드럽고 시원하며 회감回甘*이 뛰어난 구감口甘의 형태를 보인다.

요즈음 묵혀 두었던 보이차에 손이 자주 간다. 매끄러우면서도 펑퍼짐한 맛이 좋다. 20여 년 전 중국 윈난성에 갔을 때 윈도에 끝없이

---

* 회감(Sweet After Taste): 생진회감生津回甘의 준말. 쓴맛이 혀 밑을 자극하여 침의 분비를 도우며, 이 침이 혀 앞으로 돌아나와 느끼는 약간의 단맛을 말한다.

진열되었던 차에 혹했다. 빈대떡과 깻묵을 연상케 하는 둥근 차 덩어리를 보며 허기를 느꼈었다. 난간식 다락집 2층에 무질서하게 앉아 따라주는 대로 마시던 차는 생경했다.

'부랑족'* 노인은

"몸을 따뜻하게 해주고 항산화 효과도 있으며 액을 막고 귀신까지 물리친다."

라며 차를 소개했다.

"다수茶壽하세요."

라며 손을 모으기에 무슨 말이냐고 물으니 108세까지 살라는 뜻이라며 환하게 웃었다. 알고 보니 한자 '茶' 자를 파자한 것이었다. 초두 ++ = 이십, 아래 八+八= 팔십팔, 이를 합하면 108이 된다. 그들이 오래된 고차수古茶樹 나무에 자부심을 가지는 이유를 조금이나마 이해하게 되었다.

연두색 맑은 향부터 치자색 진한 곳까지……. 깊은 호흡으로 차를 마신다. 몸을 통과하는 공기가 부드럽다. 깨어 있어야지. 흔들리지 말아야지. 차에 취하다 보니 어느새 망우忘憂가 옆에 와 있다.

---

* 부랑족: 중국 윈난성[雲南省] 서남부에 분포하는 소수민족. 중국 정부에 의해 공인된 56개의 소수민족 중 38번째 민족이다. 이들은 무려 1,300여 년 전부터 차를 재배한 것으로 알려졌다.

황제 짜장

 탑塔이다. 수정처럼 반짝이는 삼층 탑이 면기麵器 속에 버젓이 서 있다. 신기하여 면이 담긴 그릇을 빙그르르 돌려 본다. 울퉁불퉁한 몸체에서 달그락거리는 소리가 새어 나오는 것 같다.
 탑신 세우는 데 홍합이 한 바가지도 더 들어간 성싶다. 옥신꼼에는 오징어와 새우 그리고 굴을 듬뿍 올렸다. 탑머리는 낙지다리로 세웠다. 기단 밑에는 우리 밀로 만든 면麵이 춘장을 둘러쓰고 기품있게 앉아 있다. 먼 길 떠난 줄 알았는데, 다시는 못 만날 줄 알았는데 이렇게 돌아오다니……. 고맙고 반갑다.
 "이 짜장면 특징이 뭐예요?"
 한입 빵빵하게 베어 물고 흡족해하는 옆자리 중년 남자에게 물었다.
 "밀가루에 방부제가 들어가지 않았대요. 뱃속이 편해요. 추억의 냄새도 묻어 있고, 해물을 골고루 맛볼 수 있어 정말 좋아요."
 물 만난 듯 좋아한다. 식성 까다로운 현대인의 맛봉오리를 모두 일

으켜 세웠으니 가상嘉尙한 일이로다. 어느새 내 손은 탑신을 이루고 있는 홍합을 하나씩 빼 들어 알맹이와 입맞춤하고 있다.

요즈음 시내에 나가면 우리 밀 짜장면 전문점이 우후죽순처럼 들어서 성황을 이루고 있다. 면 값이 일반 중국집의 갑절 수준임에도 만원사례를 이루고 있으니 예삿일이 아니다. 짜장면이라면 사족을 못 쓰는 내가 이런 감칠맛 나는 잔치 마당을 그냥 지나칠 수 있을쏘냐. 몇 군데 들러봤다. 한 업소의 '황제 짜장'이란 메뉴가 유난히 눈길을 끈다. 무슨 뜻이지? 궁금해하고 있는데, 때맞춰 종업원이 홍합에다 온갖 해물을 잔뜩 쌓아 올린 그릇을 들고 종종걸음을 치며 지나간다.

"바로 저것이구나!"

짜장면에 얽힌 사연이 나만큼 많은 사람도 드물 것이다. 내가 처음 그 맛에 홀딱 빠진 것은 초등학교 삼 학년 때이다. 이웃집 누나가 그려준 그림 덕분에 학교 대표로 뽑혀 읍내 사생 대회에 나가게 되었다. 그날 처음으로 먹은 짜장면이 문제였다. 대젓가락보다 굵은 면발이 숯가루도 아니고 된장도 아닌 것을 둘러쓰고 사람을 홀렸다. 그것을 후루룩 한입 빨아들이고는 그만 정신이 혼미해져 말을 잇지 못했다.

"이것이 뭐다냐?"

고개를 들 겨를이 없었다. 걸신들린 사람처럼 순식간에 바닥을 봤다. 주방 쪽으로 고개를 돌려봤다. 한 그릇 더 주면 감사히 받을 수 있을 것 같았다. 그러나 그것뿐. 아쉬웠다. 머릿속은 온통 짜장면 생각으로 가득찼고, 맛의 감동은 사생 대회 입상과 비길 바가 아니었다. 그날 이후 나는 학교의 모든 대표 선수 선발 때 까치발을 들고 기웃거리는 이른바 '짜장 아이'가 되고 말았다.

취업을 위해 몸부림치던 시절이 있었다. 독서실 생활을 하며 중국집에서 식사를 해결하였다. 하루 두 끼를 면麵으로 때워야 하는 실정이었다. 한 달쯤 먹다 보니 냄새조차 싫어졌다. 안 먹을 수는 없고, 어찌한담? 기발한 생각이 뇌리를 스쳤다. 시계를 풀어놓고 시간을 재며 먹는 것이었다. 시행착오도 있었지만 숙달되니 한 그릇 치우는 데 21초 걸렸다. 한 번 감아 넣는 데 3초, 그때 일곱 번의 젓가락질로 먹어 치운 자장면이 족히 백 그릇은 될 것이다.

군대에서는 외식용으로, 직장에서는 야근 동반자로, 중국과 마라도에 가서는 별미로, 입맛 없을 때는 식욕 촉진용으로 그와의 친교는 계속되었다. 그런데 어쩔 수 없이 그와 떨어져 지낸 세월이 있었다. 위암 수술을 하였다. 그 후 민감해진 몸은 강력분 아니 방부제를 받아주지 않았다. 좋아하던 분식, 특히 짜장면을 먹을 수 없는 상황이 되었다. 그것은 금단 증상처럼 나를 괴롭혔다. 담배 끊는 일보다 더 심한 고통이 줄곧 나를 따라다녔다.

참살이가 일반화된 요즈음 짜장면에도 바람이 불었다. 소스에 변화를 주고, 면발 위에 산해진미를 올리고, 그릇을 바꾸고, 개명도 하고……. 정말 좋은 것은 우리 밀을 쓴다는 사실이다. 방부제를 섞지 않으니 금상첨화가 아닐 수 없다. 온갖 재료를 탑처럼 치장한 후 황제라 부르는 짜장면을 만난 것이다. 내가 탑돌이를 아니할 수 있겠는가? 마음에 들어 시도 때도 없이 그와 만난다.

추억이 되살아난다.
짜장면 위에서 어린 내가 만족스럽게 웃고 있다.
나는 요즈음 황제다.

커피
블렌딩

 온 나라가 커피 열풍으로 뜨겁다. 도심은 한 칸 건너 커피숍이고 거리마다 커피 향이 진동한다. 테이크아웃 용 컵 하나 들고 있지 않으면 이방인이 된 듯 뻘쭘하다. 속칭 당 떨어지는 시간이 되면 많은 사람이 약인 양 커피를 찾는다. 시고 쓰고 단맛이 뒤섞여 우르르 몸속을 파고들면 마법에라도 걸린 듯 기력이 솟구친다.

 커피를 모르던 시절, 영화 〈아웃 오브 아프리카〉를 보며 커피 꽃에 정신을 빼앗겼던 기억이 있다. 연한 운무 속에서 수줍은 듯 겹쳐 피어 있는 우윳빛 꽃이었다. 광활한 대지 위를 쌍익 비행기가 날고 '데니스(로버트 레드포드 분)'와 '카렌(메릴스트립 분)'이 빨갛게 익은 커피 알맹이처럼 진한 사랑을 나누는 모습은 꿈결처럼 몽롱했다. 기다란 물통 가득 담긴 미끌미끌한 저 알맹이들은 도대체 무엇일까. 알고 보니 그것은 과육을 벗겨낸 커피콩이었다. 콩을 세척하고 일정 시간 수조에 담가 두는 것은 끈적거리는 과육 점액질을 제거하기 위함이란 것을 오랜 시간이 지난 뒤에야 알게 되었다.

문재인 대통령 취임 직후 청와대에서 종이 커피잔을 들고 참모들과 산책하는 모습이 보도되었다. 사람, 넥타이를 푼 복장, 종이 커피잔……. 그것은 서민 대중이 원하는 한 편의 시였다. 내 눈은 계속 커피잔을 따라가고 있었다. 만인이 원하는 자유를 좇아가고 있었다.

때를 같이하여 블렌딩 커피가 홍수처럼 밀려들었다. 이 무렵 나온 커피 배합 방식과 맛이 특이하다. 4:3:2:1(콜롬비아, 브라질, 에티오피아, 과테말라 순) 비율로 섞는다. 콜롬비아의 시고·달콤한 맛, 브라질의 마일드하고 구수한 맛, 에티오피아의 감칠맛·쓴맛, 과테말라의 시고 스모키한 맛이 섞여 그 어디에서도 찾아볼 수 없는 오묘한 맛을 낸다. 중남미와 아프리카까지 어우러졌으니 절묘해야 하지 않을까? 호사가들은 이를 황금 비율이라며 엄지손가락을 치켜세운다. 불이 붙었다 싶더니 우리나라 어디에 가나 블렌딩 커피 추향趣向이다.

커피 블렌딩이란 특성이 다른 2가지 이상의 커피를 혼합하여 새로운 향미를 가진 커피를 만드는 것이다. 밥으로 치면 비빔밥이나 짬뽕 같다고나 할까. 최초의 블렌딩 커피는 예멘의 모카커피와 인도네시아 자바커피를 혼합한 소위 '모카 자바' 커피라고 전해진다. 모카의 신맛과 자바의 쓴맛이 섞여 신묘한 맛의 조화를 이루니 애호가들이 열광하였던 것 같다.

단종 커피를 즐겨 마시는 나는 외지에 나갈 때 낯선 커피로 인해 고충을 많이 겪는다. 구미가 안 맞는 커피에 입을 맞춰야 하기 때문이다. 그들도 맛을 내기 위해 많은 노력을 했을 테지만 도무지 입에 맞지 않는 것을 어쩌랴. 어떤 커피의 배합이냐고 질문할 계제도 아니어서 끙끙거리며 참아 낸다. 내가 원하는 맛을 찾는 일은 그리 쉽지 않다. 블렌딩은 이처럼 까다로운 것이다. 물론 생콩의 품질이나 로스팅 상태에 따라 맛이 달라질 수 있겠다. 그러나 누가 뭐라고 해도 요체는 품질 좋은 콩과 적정 배합 비율이다.

커피를 탐미하다가 블렌딩에 두 가지 법칙이 있음을 알게 되었다. 하나는 어떤 블렌딩을 해도 맛은 한가지라는 사실이다. 스타벅스의 아이스 아메리카노 커피에서 캐러멜 맛이 나는 게 예이다. 다른 하나는 특화된 블렌딩 커피의 맛도 소비자의 기호에 맞게 리뉴얼한다는 것이다. 최근 시중 프랜차이즈 커피의 맛이 상향 평준화된 것이 이를 증명한다.

블렌딩은 다양한 맛을 한데 모은 것이지만, 그 나름의 독특한 맛이 있어야 한다. 이는 어느 결사체의 이념과 같은 것 아닐까. 하나의 성공을 위해 다수가 결집하는, 자기 것을 적극적으로 보태야 하는……. 블렌딩에 대한 다양한 시도는 계속될 것이다. 시류 따라 입맛이 변할 것이기에, 새로운 맛을 탐미하는 호사가들의 극성이 멈출 리 없기에……. 맛의 연금술 블렌딩, 잊지 말아야 할 것은 통합의 과학이고 언어라는 것이다.

세상에서 가장 맛있는 커피는
누가 뭐래도
'당신이 타 주는 커피'란다.

누구나 격의 없이 즐기는 블렌딩 커피는 시대가 만든 또 하나의 언어다.

4

연하천은
흐른다

백두대간 북진
출발점에서
하늘을 향해 외치다

여명은 부드럽고 날씨는 쾌청하다. 동녘 하늘 산 주변이 온통 빨강 립스틱보다 더 진한 진홍빛이다. 차츰 연홍으로 번지면서 하늘은 온통 홍하紅霞가 된다. 주위 산들은 구름을 불러 춤사위를 벌인다. 태평무, 한량무, 승무……. 휘모리장단이 몰아치자 태양은 "뽕" 하고 떠오른다. 시뻘건 저 불덩어리! 환희이며 식지 않을 서사다. 나는 독수리처럼 긴 날개를 펴고 그 속으로 날아간다.

지리산 천왕봉이다. 백두대간에 가려고 북진北進* 출발점에 서 있다. 일출을 보고 있으니 경이로움과 두려움이 함께 밀려온다.

---

* 백두대간 남한 구간 종주는 지리산에서 진부령까지를 북진, 진부령에서 지리산까지를 남진으로 분류한다.

2005년 5월 21일 07:05. 출발이다. 지리산 천왕봉에서 강원도 고성군 진부령까지. 도상 거리 680㎞, 실측 거리 820㎞다. 《산악문화》의 안내도를 기준으로 36구간으로 나누면 한 구간 평균 길이가 22.7㎞다. 내 보속步速이 한 시간에 2.5㎞이니 구간당 평균 9시간이 소요되는 셈이다. 한 달에 한 번, 3년 내 마치리라.

찰밥 한 덩어리와 포장 김 두 팩, 김치 한 봉지, 내 키만 한 물병 하나 둘쳐 메고 담장 뛰어넘듯 가련다. 기운이 떨어질 때면 〈라스트 모히칸 OST〉와 〈헝가리언 무곡 5번〉을 듣고, 영화 생각이 나면 '엔니오 모리코네'의 영화 음악 14선을 들을 것이다. 〈가브리엘의 오보에〉부터 〈러브 어페어〉까지 듣다 보면 구간 끝에 서게 되겠지.

걷는 방법은 돌돌땅땅*이다. 돌땅돌땅 걷게 되면 에너지 소모가 더 커지고 넘어질 수도 있다. 생각 하나 불러내어 정리하는 것은 필수다. 대문호 '파울로 코엘류'는 먼 길을 갈 때 영적 신비라 부르는 영혼의 지도자와 함께했다. 영화 〈파울로코엘류〉에서는 그 존재가 사람 모습으로 현현한다. 떠나기 전 코엘류는

"오실 거죠?"

라며 확인한다. 길에서 지도자가 질문한다.

"성공이란?"

---

* 산행할 때 걷는 요령으로 돌과 땅을 번갈아 짚는 것보다 돌이면 돌, 땅이면 땅을 계속 짚으면 덜 피곤하다는 설이 있다.

코엘류가 대답한다.

"그것으로 뭘 할지 아는 것."

오늘 생각할 주제는 '아는 것 버리기'다. 언젠가 문경 운달산에 있는 사찰 김영사 일주문 주련에서 본 글이 커다란 울림을 주었다. '이 문에 들어오거든 안다는 것을 버려라入此門來莫存知解. 비우고 빈 그릇에 큰 도가 가득차리라無解空器大道成滿.' 그렇다. 종주 마치는 날 내 안 어느 곳에서 작지만 강렬한 도道 하나 움트기를 바란다.

다음은 방어다. 멀고 긴 산길에서 조그만 육신 하나 숨길 공간은 없다. 나를 향해 대드는 것은 무조건 적이다. 도망가거나, 죽은 체하거나, 싸우거나 셋 중의 하나를 선택해야 한다. 산행 안내문을 보니 죽은 체하는 것은 별 효과가 없으니 시야에서 멀어지면서 숨으라고 강조한다. 인적 없는 곳에서는 종을 울리며 걷기로 한다. 깊은 산 종소리는 가시보다 날카롭기에 동물의 귀를 찌르고 남는다. 스틱 부딪치는 소리도 크게 내기로 한다. 행여 적과 마주친다면 우산을 펴서 시야를 가린 후 커다란 나무 뒤에 숨기로 한다.

포동포동한 멧돼지가 나를 향해 돌진하는 환상에 사로잡혀 괴로워하다 보니 어느새 연하천이다. '천년 원시림을 누비는 물줄기가 구름 속을 흐르는 것 같다.' 하여 붙은 이름. 시원한 약수로 목을 축이고 잠시 숨을 돌린다.

다시 출발한다. 성삼재까지 약 13km쯤 남았다. 절반을 달려온 셈. 호신 생각에 사로잡혀 중단했던 생각을 다시 부른다. 아는 것 버리기. 여기서 아는 것은 '쓸모없이 저장해 둔 것'을 뜻한다. 심리학은 이를 저장 강박이라고 한다. 정신과 전문의 '김진세'는 예를 들어 설명한다. '이미 끝난 일에 마음 상하고, 이미 저지른 작은 실수를 떠나보내지 못하는 것, 과거의 실수를 오늘 되새김질하느라 마음이 먹먹한 것, 지나간 일에 미련을 가지는 것' 등이다.

하나하나 떠올리니 너무 많다. 제고 하는데, 이들의 공통점은 모두 과거다. 과거를 짊어지고 허우적대다니. 선을 그어야겠다. 과거의 아픔이 발목을 잡을 때면 돌아서서 소리를 질러야겠다. 그러고 보니 이는 첫 구간만의 과제가 아니다. 두고두고 씨름해야 할 숙제다.

산은 항상 그 자리에 있다. 움직이는 것은 미물에 불과한 내 육신이다. 저장 강박 버리기, 백두대간 종주라는 목표 달성하기 등을 주로 생각했다. 다른 생각도 많이 떠올랐지만 가차없이 버렸다. 제1구간을 마치며, '혼자 가기'에 방점을 찍는다. 먼 길 대부분을 혼자서 갈 예정이다. 내 영혼이 가짜가 아님을 확인하기에 더없이 좋은 시간이다.

연하천煙霞川은 흐른다

 간들바람에 밤꽃 향 요요히 풍길 때면 연하천煙霞川에 간다. 함박꽃나무 하얀 꽃향기 농濃한 지리산 종주 능선, 벽소령 넘어 명매기걸음을 걸을 때면 다른 세상 사람이 된다. 나만의 노마드랜드*다.
 출발은 화개장터부터다.
 "햇차예요, 햇차가 나왔어요."
 노점 차 파는 아낙네 목소리는 언제 들어도 싱그럽고 매력魅力이 있다. 저 소리에 홀린 지 벌써 10년이 넘었다. 집에 마시지 않고 쌓아둔 세작細雀 여러 덩어리가 있건만 망설임 없이 또 산다. 차 봉지를 코에 대니 '초의 선사' 냄새가 난다. 어떤 맛일까.

---

* 광활한 자연과 길 위에서의 삶을 스스로 선택한 사람들과 만나고 헤어지며 다시 살아 가기 위한 여정을 시작하는 사람들 이야기를 그린 영화

보리밭에 부는 바람

'한승원' 작가는 스님의 〈다신전〉을 인용하며 가장 좋은 차향茶香은 배냇향*이라고 했다. 아직 그 향을 음미하는 경지에 이르지는 못했지만 대충 짐작은 한다. 마음이 차츰 연두색으로 변한다.

쌍계사 지나 삼정마을을 끼고 오른다. 아름드리 적송赤松이 빽빽하다. 여인의 자태처럼 아름답다고 하여 여송女松이라 부르기도 한다. 소나무는 선비의 기상을 상징한다고 했는데, 여송이라니……? 나무를 쓰다듬는다. 소나무 숲을 지나면 곧 첩첩산중이다. 남부군 빨치산 총사령관 이현상이 마지막으로 머물렀다는 빗점골과 서산대사가 《도가귀감》을 집필하였다는 하철굴암이 지척에 있다. 기화요초와 전나무, 향나무 청청하다. 나무 사이로 보이는 형제봉 츠렁바위가 아슴푸레하다. 저기 전망대에서 보면 구례군 토지면이 한눈에 들어온다. 길 따라 조금만 동쪽으로 이동하면 최 참판 댁을 가리키는 표지판이 나온다. 소설 《토지》의 배경이 된 들녘이다.

벽소령 대피소를 지나고 형제봉을 넘는다. 단댓바람에 마루금을 달려 대피소 앞에 선다. 목적지 연하천煙霞川이다. '천년 원시림을 누비는 물줄기가 구름 속을 흐르는 것 같다.' 하여 붙은 이름이다. 호듯속 같은 바위틈을 비집고 흐른 물이 심천深川이 되었다. 천년의 신비를 담고, 사시장철 사파이어빛 하늘을 품고, 백두대간을 달리는 야심 찬 사람들의 잉큼잉큼 뛰는 가슴을 안았다.

---

* 갓난아이를 따스한 물에 먹을 감긴 다음 살갗에 코를 댔을 때 나는 향〔한승원(2005), 《초의》. 김영사〕.

말뚝잠으로 덜커덩대던 서러운 밤이 있었다. 산행 중 예약을 하지 않고 대피소에 도착했는데, 만원이어서 이슬만 피하자며 끼어들었다. 장작처럼 딱딱해진 몸을 주무르며 하얗게 새운 밤이었다. 사람들 숨소리가 차츰 파래지는 새벽녘, 몸을 펴기 위해 대피소 마당에 나가니 여명이 서서히 스며들고 있었다. 저만치에서 졸졸 흐르는 물소리가 들려왔다. 엉금엉금 다가가 보니 안개구름이 하얗게 내려 있었고, 물은 그 아래로 흐르고 있었다. 아~ 드디어 만났구나. 영화 〈아바타〉에서 '나비족' 전사들이 '이크란'과 접선하는 장면이 떠올랐다. '연하천! 바로 이런 모습이었구나. 유레카!'

글로만 읽었던 장면을 실제로 목격한 것이다. 감동이 솟구쳐 올랐다. 막힌 것이 확 뚫리는 순간이었다. 이후 내 안에는 물길 하나가 만들어졌다. 그곳은 은신처이자, 수행처이며, 기운의 통로다.

물! 내가 물에 사족을 못 쓰는 것은 사주와 관련이 있다. 아버지는 내 사주에 물이 없다고 이름 마지막 자에 수(洙) 자를 넣어주셨다. 불을 꺼야만 하는 이유인지, 물이 넘쳐야만 좋은 것인지……? 무엇인지도 모르고 그저 주어진 이름이니 부르는 대로 답해 왔다. 연하천을 만나고 비로소 나는 물이 되었다. 환상처럼 신비로운 흰 개울이 내 안 한복판을 흐르니 살맛이 난다. 물 만난 물고기처럼 세상을 거침없이 헤엄쳐야지. 치런치런한 물로 많은 사람의 목을 축여줘야지. 할 일이 많아졌다. 일천오백 고지 위를 흐르는 물 앞에서 너스레를 떨어본다. 능선 너머로 열구름이 줄지어 지나간다.

솟대

내가 처음 솟대를 만난 곳은 지리산 피아골*이다. 새색시 볼 빼닮은 철쭉꽃 보러 임걸령 가던 길 대피소 앞에서다. 산은 갑작스러운 일기 변화로 구름에 덮여 한 치 앞도 내다보기 힘든 지척 불변의 상황이었다. 자주 있는 일이니 잠시 기다릴 양으로 툇마루에 자리를 잡고 앉았다. 소沼를 휘돌다 쫠쫠 떨어지는 계곡물 소리가 정적을 깨는 산채山寨 주변이 평화롭다고 생각하고 있었다.

이때 처마 위로 이름 모를 새 한 마리가 나타났다. 구름 숲을 헤집다 사라진다 했더니 바람이 일 때마다 나타나서는 허공을 박차고 날갯짓을 하는 것이다. 무슨 사연이 있어 저렇게 절절한 몸짓을 하는가 싶어 바짝 다가가 살펴보니 오목가슴이 장대에 꿰어 있는 게 아닌가. 고동색 막대기에 매단 정교한 새의 형상물, 솟대였다.

---

* 지리산의 주봉 가운데 하나인 반야봉에서 연곡사에 이르는 계곡을 가리킨다.

"우리 선조가 이곳에서 직전稷田을 일구던 시절, 배고픔이 서러워 허리를 펴고 하늘을 올려다보면 힘이 솟았다는 거야."

산장지기 함 씨 말이다. 천신의 전령사로 불리는 솟대의 등장이 이렇게 슬픈 배경을 가지고 있었을 줄이야……. 한때는 오리나 까마귀를 세우기도 했지만 주로 기러기 형상이 올려졌다는 말로 자신이 오랫동안 솟대와 함께하였음을 암시하였다.

"한恨 덩어리여!"

맥없이 말하며 끄먹거리는 눈이 화전민의 탄식을 방불케 했다. 다시 한번 솟대를 올려다보았다. 날렵해 보이는 몸에 범상치 않은 기운이 번득인다. 살며시 눈을 감는다. 하늘에서 사다리가 내려온다. 환희의 찬가가 울려 퍼지고 운집한 많은 사람이 감격의 눈물을 흘린다. 한 줄기 섬광이 번쩍이더니 새가 구름을 뚫고 하늘로 올라간다.

피죽 한 그릇과 초근목피로 허기진 배 채우던 세상, 비애悲哀를 저 새에 매달았다고 생각하니 가련한 마음이 솟구쳐 허공을 찌른다. 솟대를 앞에 두고 피사체로 인식하는 나의 속된 욕구와 그들의 기원이 너무 대조적이지 않나. 고개를 떨구고야 말았다.

피아골은 태고의 원시림으로 만 가지 생명체가 요동치는 곳이다. 특히 가을이면 아름다운 단풍이 만산을 뒤덮어 만추가경晩秋佳景이어서 꿈의 골짜기로 꼽힌다. 그날 이후 나는 이곳에 가는 목적을 바꿨다. 솟대를 앞에 두고 딴전을 피울 수 없기 때문이다. 솟대가 사는 모습을 밀착해서 살피기 시작했다. 단조로우면서도 청아하며 기품

있는 솟대의 삶이 속속 눈에 들어오기 시작했다. 봄날의 솟대는 운애雲靉 속에서 메아리를 부른다. 여름이면 함초롬한 이슬 꽃 피우고 노닐다가, 가을에는 단풍 숲에 다소곳이 몸을 숨긴다. 겨울에는 삭풍 언저리에 꼿꼿이 서서 하늘길 술래가 된다.

"훠이, 훠이."

어느 날 청학동에서 삼신봉을 오르던 차에 길옆으로 가지런히 늘어선 솟대 형상을 보고 깜짝 놀란 적이 있다. 나무로 새를 조각하여 뱃속에 전구를 끼우고 불을 밝힌 것이다. 아니, 솟대를 저렇게 해도 된다는 말이야? 저럴 수가. 등燈 너머로 선인의 기원이 엉글던 하늘이 파랗게 떨고 있었다.

해가 바뀌고 봄이 되어 다시 피아골에 갔다. 청량한 소리 머금은 솟대를 만날 것이라는 기대로 가슴이 뛰었다. 그러나 밋밋한 구름만 휘도는 허허로운 하늘과 마주하게 되었다. 구름 지나는 길목을 지키고 있어야 할 솟대가 사라지고 없었다. 임들의 그 많았던 기도가 한꺼번에 땅에 떨어지고 없었다. 이제 배부른 세상 되었으니 하늘을 부르지 않아도 된다는 말인가. 얼마 전 하산했다는 함 씨가 궁금했다. 사시장철 솟대를 향해 도닥거리던 마음은 간곳없고, 머리는 컴퓨터에 저장된 솟대 사진을 찾기 위해 끊임없이 신호를 보내고 있었다. 이제 피아골 솟대는 사진으로만 봐야 한다.

솟대가 떠난 공간에
화전민의 설화도 산장지기 함 씨도 없다.
나도 없다.

백두대간 제9구간,
속리산은 도화원

 백두대간 제9구간(지리산 기점)인 속리산 코스에 가려고 출발점 '비재'에 섰다. 날씨가 쾌청하니 마음이 편하고 기쁘다. 산에 오르는 사람에게 날씨란 감정과도 같다. 기쁨, 놀라움, 두려움, 분노, 슬픔, 혐오 등 기본 감정이 날씨 속에 모두 들어 있다. 이 시간 이후 다른 어떤 감정이 나를 지배할지 모른다. 내가 통제할 수 있는 게 아니기에 기분 보전을 위해 기도한다.

 이곳에서 목적지 널재까지는 20.5㎞다. 법주사 입구에서 보았을 때 절 뒤로 산들이 띠를 두른 듯 서 있는데, 바로 그 하늘금이다. 속세로부터 떠나온 산이라 하여 속리산俗離山이라 했다는데 산에게 떠난 이유를 물어야 할지, 내가 속세를 떠난 사람이 되어 이들에게 동화되어야 할지 아직은 판단할 수 없다.

백두대간을 종주하는 이들은 이 코스를 '백두대간의 꽃'이라고 부른다. 여러 가지 이유가 있겠지만 나는 도연명의 《도화원기桃花源記》에 나오는 어부를 상기하면서 이 말에 동의한다. '어부가 물길을 거슬러 올라가다 보니 복숭아꽃이 만발한 숲이 나타났고, 더 나아가 산을 보게 되는데 작은 동굴이 하나 있더라. 좁은 동굴을 따라 수십 보를 더 들어가자 앞이 환하게 트이더라.' 이곳 능선길은 암릉 사이로 동굴처럼 난 길이 많아 통과할 때마다 다음은 탁 트인 평지겠지! 하고 기대하게 만든다. 어느새 산행하는 사람은 은일隱逸의 객이 되어 무욕, 무위의 경계를 넘게 된다.

체현體現을 선보이는 자리는 천황봉 정상이다. 양팔을 치켜들고 사방을 둘러보면 남쪽으로 충북 보은 지역 들녘과 한남금북정맥이 지나가는 능선이 보이고 서쪽으로는 내가 가야 할 비로봉, 입석대, 신선대, 경업대, 청법대, 문수봉이 겹쳐 보인다. 뒤에 가물가물 철탑이 흔들리고 있는 게 문장대다. 북쪽으로 경북 상주시 화북면 들녘이 희미하다. 그 너머로 청화산(984m)이 보일 듯 말 듯하고 겹겹이 쌓인 산줄기가 늠연하다. '삼파수三派水'라 했다. 동남으로 낙동강, 남서로는 금강, 서북으로는 남한강이 발원한다고 하여 붙은 이름, 한 군데 떨어진 물이 각기 다른 흐름으로 분수分水 한다니 경외감마저 든다.

입석대를 지난다. 임경업 장군이 7년간의 수도 끝에 세운 바위다. 비석처럼 우뚝 선 형상은 자연석이라 하기에는 너무도 정교한 모습이다. 조선 광해군 때의 명장 임경업 장군과 속리산은 요소요소의 명칭에 잘 드러난 것처럼 뗄 수 없는 관계인 듯하다. 임경업 장군은 충주 단월 가까운 대림산 아래 풍동에서 태어나 16세 되던 해 집을 나와 단월사와 속리산에서 무술을 연마했다.

문장대다. 철계단 80여 개를 넘어서면 10평 남짓한 평평한 암반이 나타나는데 수많은 인파가 주변 조망에 열중하고 있다. 바람이 차다. 왼쪽으로 관음봉, 묘봉, 상학봉이 줄지어 서 있고 오른쪽으로 백두대간 밤치와 늘치 가는 길이 보인다. 문장대는 원래 구름 속에 묻혀 있다 하여 운장대雲欌臺라 하였다. 그 후 조선 시대 세조가 복천에서 목욕하고 이곳 석천의 감로수를 마시면서 문무 시종과 함께 날마다 시를 읊었다 하여 '문장대'라 부르게 되었다. 철계단 오른쪽으로 표지기가 흩날린다. 밤치 가는 길이다.

이 길은 너덜 지대다. 속세로 가는 길……. 험난하다. 현실의 질곡에서 벗어나 자연에 순응하면서 살라고 했건만 어부처럼 인간은 자기 세상으로 나가려 한다. 향기로운 풀들이 싱그럽고, 연분홍 꽃비가 내리기를 기원하며 회귀한다. 안다. 돌아가면 평화가 아니라는 것을. 잠시나마 청담淸淡을 누렸으니 이제 제자리로 가는 것이다. 이곳에 세 번 오면 사후에 극락에 간다고 하였다.

암릉 사이 구멍처럼 뚫린 길은 마지막 통로이자 시작점인 셈이다. 안식을 위해 반드시 통과해야 할 야누스의 얼굴이다. 야누스는 앞뒤로 얼굴이 하나씩 있어 양쪽을 바라보고 있다. 이 구멍도 두 세계를 바라보고 있다. 이는 삶의 양면성을 뜻하는 은유 같기도 하다. 반대 방향에서 오는 사람들은 이후 자기가 만나게 될 세상을 도림桃林이라 기대하고 있을지도 모른다.

 …….

  속리산에 들면 많은 사람이 구도자가 된다.
  나는 극락 가는 길은 찾았지만,
  도는 얻지 못했다.

소백산 죽령에서
고치령까지,
백두대간 제17구간

잠을 자려고 몸부림치지만 허사다. 월악나루쯤 왔을까? 오히려 정신이 더 멀뚱멀뚱하다. 종아리와 허리가 뻣뻣하고 아프다. 지금 시각 03:10, 차창 밖은 아무것도 보이지 않는다. 해장을 먹기로 한 단양까지는 50분을 더 가야 한다.

오늘은 2007년 6월 6일. 죽령에서 고치령까지(25.5㎞), 백두대간 제17구간(지리산 기점 소백산 코스)을 하루에 마치기 위하여 무박 출정을 하고 있다. 홀로 백두대간 산행을 하자니 어려움이 많아 가끔 직원 산악회와 힘을 합하는데, 오늘이 그날이고 동행 횟수는 세 번째다.

고수동굴 가는 길 식당에서 올갱이국으로 해장을 마치고 죽령으로 향한다. 단양 천변 지나 죽령에 이르는 길에는 안개가 짙게 끼어 있다. 비는 안 오겠지? 고개를 돌리니 아카시아 꽃송이가 차창에 부딪친다. "아니 지금이 몇… 월인데 아카시아?"

향이 넘어오지 않아 아쉽지만 반갑다. 어렸을 때는 저 꽃을 송이째 따 먹었고, 떡으로도 먹었으며, 군에 있을 때는 껌으로 먹었다. 향이 흘러나왔고, 향은 마음을 강하게 자극했다. 이때부터 꽃은 배를 채우는 수단이 아니었다.

죽령(해발 689m). 대나무가 많아 죽령이라 했다는데 지금은 그 흔적을 찾기 힘들다. 기록에 의하면 신라 초기 아달라왕 5년(서기 158년)부터 길이 났다고 하며 향가 〈모죽지랑가〉의 주인공 '죽지랑'(김유신을 도와 삼국통일을 이룩한 대들보 중의 한 사람)의 이름이 이 대마루[竹旨嶺]에서 유래했다고 한다. 이 고개를 넘으면 경상북도 풍기 땅이고 조금 더 가면 영주다.

이 길을 지날 때마다 퇴계 이황(1501~1570)을 생각한다. 풍기 군수로 발령받고 고개를 넘던 남자 이황. 그가 단양 군수로 내려온 것은 나이 48세 때인 명종 3년(1548년)이었다. 9개월의 짧은 재임이었지만 그는 이곳 단양을 애중愛重하였다고 한다. 빼어난 절경에 이름을 붙였으니 도담삼봉, 석문, 사인암, 구담봉, 옥순봉 등이다.

그는 이곳에서 진실한 인연을 만나는데 바로 미기美妓 '두향杜香'이다. 처를 잃고 외로움으로 서성이던 그에게 두향은 단비였으리라. 그러나 야속한 운명은 그녀와의 인연을 딱 9개월만 허락한다. 두향이 안겨준 매화분을 가슴에 안고 서럽게 넘던 죽령에서 그는 단양을 아니 두향을 향해 목놓아 울었을 것이다. 선생은 이 고개를 넘은 후 20년이 지나 타계하는데, 두향을 한 번도 못 만났다고 한다. 유언이
"매화분에 물을 주어라!"
였다는데…….

드디어 소백산이다. 상상 속에서 너울거리던 그 장대한 마루금을 이제 디디게 되는 것이다. 320여㎢ 된다는 소백산 국립공원 전신全身을 두루 살필 수 있다는 기대감으로 가슴이 부푼다. 사적지와 거리가 멀어 다가갈 수 없음은 안타까운 일이다. 《두시언해》와 《훈민정음》 원본이 발견되었다는 희방사와 비로사, 후백제가 왕건에게 항복했다는 등강성, 어류성이라 불리는 소백산 석성, 죽령 고관성, 봉황산고성, 도솔산 고성…….

농무濃霧로 시야가 흐리다. 지금 딛고 있는 곳이 제1연화봉이라고 하는데 표지석을 찾을 수 없다. 안개가 걷히지 않는다. 이러다가 비로봉, 국망봉 얼굴도 보지 못할까 걱정이다. 나무 계단이 계속된다. 일행의 순서가 자꾸 바뀐다. 대피소 같은 건물이 시야에 들어온다. 주목 군락을 감시하는 초소란다. 이젠 바람이 세차게 분다. 건물 뒤쪽으로 새파란 평원이 나타나야 한다. 그래야만 비로봉 그 장엄한 얼굴을 볼 수 있다. 기실 오늘로 세 번째 시도인데, 날씨가 도와줘야만 한다.

해야 떠라, 밝은 해야 어서 떠라. 햇살이 구름 사이로 비추는가 싶더니 숨기를 수차례, 발을 뗄 수가 없다. 봉우리에 올라가면 봉우리

를 볼 수 없기에 기어코 이 자리에서 비로봉을 보여달라고 기도했다. 간절히 원하면 이루어진다고 했던가. 나뭇잎 사이로 햇살이 들어왔다. '코모레비木漏れ日'*다. 장대한 바람의 평원 위에 펼쳐진 엄숙한 정경. 비로봉이 근엄한 얼굴을 하고 나를 내려다보고 있다. 꿈에도 그리던 모습이다.

'아이고, 부처님 감사합니다.'

비로봉(1439.5m). 불교 비로자나불에서 유래했다는 '비로!' 이 봉우리 명칭은 금강산과 묘향산, 치악산, 오대산에 그리고 대구 팔공산에도 있는데, 한자의 표기는 서로 같기도 다르기도 하다. 그러나 그 의미는 '모든 곳을 두루 비추는 부처님 몸의 빛'이란 뜻으로 사용한다. 사방을 둘러본다. 구름 띠가 길게 걸려 있다. 아래로는 길고 짧은 능선들이 줄지어 비로봉을 향해 예를 갖추고 있다. 거칠 것도, 막힐 것도 없는 곳, 최고봉의 위엄이다. 이런 세상에서 살고 싶다.

인사를 남기고 길을 재촉한다. 남은 길은 14.4km. 국망봉 아래 도착하니 목재 계단이 겹겹이 쌓여 있다. 주변이 온통 철쭉 밭이다. 고산 지대의 철쭉은 대부분 흰색이거나 분홍빛을 띠는데 이곳은 분홍 쪽이다. 연분홍! 꽃의 향연이 펼쳐진다. 바람이 분다. 꽃이 일렁이고 나도 따라 기운다. 이곳 철쭉 밭 사면斜面에서 여름이면 솜다리(조선화융초, 에델바이스와 같은 속)가 별 무리처럼 반짝거린다.

---

* 나뭇잎 사이로 비치는 햇빛

소백산 비로봉 표지석

보리밭에 부는 바람

알프스에 내려온 천사가 세상 많은 남자의 구혼에 시달리다 하늘나라로 돌아갈 때 기념으로 남겨 두었다는 전설의 꽃, 잎도 꽃망울도 꽃처럼 화사해서 매혹적이다. 아무래도 여기서는 연가戀歌를 불러야겠다.

국망봉(1420.8m). 신라 마의태자가 나라 잃은 한을 달래기 위해 베옷 한 겹만 걸치고 이곳에 와서 경주 땅을 바라보며 목놓아 울었다는데, 안개비를 맞아 까매진 바위는 사연을 아는지 모르는지 아무 말이 없다.

상월봉을 향하여 길을 재촉한다. 소백산을 소개할 때 엄지손가락처럼 바위 2개가 솟아나 보이는 게 상월봉(1,394m)이다. 산사람들은 국망봉에서 상월봉까지 1㎞ 구간을 가장 풍광이 빼어난 곳으로 분류한다. 완만한 평원에서 매년 8월 15일을 전후하여 각양각색의 여름 꽃들이 향연을 펼치기 때문이다. 상월봉을 끼고 왼쪽으로 내려서면 여러 무명봉을 오르내리면서 고치령까지 가게 된다.

가파른 내리막길 아래 고갯길에서 먼지가 자욱하게 일고 있다. 자동차가 다니고 있다. 우리의 목적지 '고치령'이다. 힘차게 달려온 길 25.5㎞! 8시간 20분이 소요되었다. 길을 건너면 허름한 기와지붕 밑에 산령각山靈閣이 있는데, 우측 위패에는 태백산영지위太白山靈之位, 좌측 위패에는 소백산영지위小白山靈之位라고 새겨져 있다.

민간에 전승되는 무속 신앙에 의하면 세조에게 쫓겨나 유배지 영월에서 죽은 단종은 태백산 신령이 되었고, 단종 복위를 시도하다 살

해당한 금성 대군은 소백산 신령으로 모셔졌다고 한다. 아, 패자의 한이여, 세월의 덧없음이여! 모두 가고 없는 이 땅, 영월로 밀사가 넘나들었다는 통로 고치령은 그때에도 불었을 소슬바람이 불어 먼지 꼬리를 길게 남긴다.

신령각 뒤에서 햇살 받은 이정표가 반짝인다. '마구령 8㎞'라고 적혀 있다. 한 달 후에 가게 될 도래기재 코스 시발점이다.

2007 여름
오대산 종주

　전나무 숲이 전날 내린 비의 영향으로 함초롬하다. 새벽부터 산책하는 연인들이 드문드문 보이는데, 말들이 없다. 잠이 덜 깬 탓인지, 산사를 비켜 흐르는 냇물 소리가 너무 큰 탓인지. 요사채 공사장은 공기가 지연되었는지 소음이 크다. 팔각 구층 석탑은 장엄하고, 평창 석조보살좌상은 갸름하고 복스럽다. 월정사라는 이름은 하늘에서 내려다보면 달의 모양을 하고 있어 붙여졌다는데 청초한 모습이 인상적이다. 변고가 많아 6차례 이상 소실消失되었다고 하는데, 대부분 새로 축조했을 것이다.
　상원사로 발길을 옮긴다. 약 8㎞ 되는 거리가 비포장으로 울퉁불퉁하다. 포장하지 않는 이유가 있겠지. 상원사는 월정사의 말사末寺다. 6·25 전쟁 때 일대에서 불타지 않은 유일한 절이라 한다. 상원사는 볼 때마다 자리가 좋다는 생각이 든다. 오늘도 남쪽 영마루에는 층계 구름이 둘둘 말린 채 걸려 있다. 유명한 상원사의 동종 종각을 둘러본다. 우리나라에서 가장 오래된 동종이며 저 유명한 에밀레종보다 45년이나 먼저 만들어졌고, 그 아름다움과 청아한 소리는 비길 데 없다고 한다. 용머리에 비천상을 새겼다는데 잘 모르겠다.

산행* 시작이다. 지금 시각 08:10. 초입에 중대사자암을 지나는데 5단으로 축조된 건축 양식이 이채롭다. 오른쪽으로 돌아서며 돌계단을 넘는다. 후덥지근하여 금시 땀이 쏟아진다. '적멸보궁' 앞이다. 적멸보궁은 부처님의 진신사리를 모신 곳이다. 진신사리가 부처님의 분신이니 불상과 후불탱화는 모실 필요가 없다. 우리나라는 적멸보궁 다섯 개가 있는데 양산 통도사, 설악산 봉정암, 영월 사자산 법흥사, 태백산 정암사 그리고 이곳 오대산 중대다.

아담한 불사 한 채에 200여 평쯤 되어 보이는 평지가 있다. 거기에 물경 200명은 족히 넘을 인파가 절하고 있다. 이제 막 도착한 아주머니가 귀띔한다. 자기는 수능 100일 기도하고 있다고. 어디서 왔냐고 묻기도 전에 머리가 땅에 닿아 있다. 적멸보궁 기도는 신통력이 대단하기로 정평이 나 있다.

---

* 일자: 2007.8.14./인원: 단독/ 거리: 20km/날씨: 10시 이후 쾌청
  코스: 동피골-상원사-적멸보궁-비로봉-상왕봉-두로봉-동대산-동피골

오대산! 청, 적, 백, 흑, 황의 방위에 '동대, 남대, 서대, 북대, 중대' 이렇게 다섯 대臺가 있어 오대산이며 동대는 만월산, 남대는 기린산, 서대는 장령산, 북대는 상왕산, 중대는 지로산이며 각 봉우리가 우뚝하다. 동대사, 서대사, 북대사는 그 터가 현존한다. 일연은 《삼국유사》에 '땅의 상을 보는 사람이 말하기를 국내 명산 중에 오대산이 가장 승지이니 불법이 길이 흥할 곳'이라고 기록했다.

비로봉 1㎞ 표지가 보이면서부터 된비알이다. 낑낑대다 목재 계단에 앉아 버린 여러 사람이 눈에 띈다. 선 채 물 한 잔 마시고 힘차게 걸음을 옮기니 정상 비로봉(해발 1,563m)이다. 흐리던 날씨가 말끔하게 개어 사방을 조망하기가 아주 좋다. 용평스키장 슬로프가 보이고, 남서 방향으로는 고적운이 하늘을 가로지르고 있다. 서북쪽은 첩첩 능선이 끝없이 이어진다. 대관령, 선자령에 곤신봉, 천마봉, 노인봉 등. 북동쪽으로는 가까이 상월봉, 두루봉, 황장산 일대가 눈에 들어오고, 동쪽은 동대산과 진고개 사이로 주문진읍이 선명하게 보인다. 고추잠자리 떼가 시커멓게 하늘을 뒤덮는다. 가까이서 보면 빨갛고 멀리 보니 까맣다. 무엇을 찾아 여기까지 무리 지어 왔니? '펄벅'의 소설 《대지》에서 읽은 메뚜기 떼가 연상된다.

상왕봉 쪽으로 진행한다. 밋밋한 길이 계속된다. 비로봉 오르는 길 돌계단 말고는 대체로 육산陸山이란 느낌이 든다. 피나물 노랑꽃이 가장 많이 눈에 띈다. 광대수염, 병조화풀, 진부애기나리 등이 많이 자생한다. 고산 지대 특유의 빽빽한 숲과 사람의 손이 닿지 않은 원시적 정경이 정적을 자아내고 있다. 적요寂寥란 이런 것이지 싶다. 시간을 뒤로 거스르는 느낌에 절로 차분해진다.

두로봉(1,422m)이다. 백두대간 중심 봉우리 중 하나. 노인봉, 동대산, 두로봉, 선자령, 만월봉으로 이어지는 제26구간(지리산 기점)의 거점이다. 백두대간 종주하다 보면 구간당 평균 20여 봉우리를 넘기에 거점 봉우리라 하여 특별한 감회는 없다. 이어 커다란 차돌이 하나 우뚝 서 있고, 몇 개의 반석이 깔린 곳에 이른다. 차돌박이다. 우측으로 크게 돌아 무명봉에 또 무명봉을 넘는다. 긴 시간 고개를 숙이고 산길을 걷다 보면 계속 오르막만 있는 것 같은 착각이 든다. 이를 극복하는 방법은 하늘이 보일 때까지 고개를 들고 걷는 것이다. 하늘이 보이면 곧 능선이다.

두로봉에서 무명봉 8개를 넘어 동대산(1,433m)에 도착했을 때는 땅거미가 일고 있었다. 오대산 경계까지 왔다. 굿판을 벌여도 됨직한 널따란 마당이 펼쳐져 있다. 한 시간쯤 진행하면 진고개 대피소와 강릉시 연곡으로 통하는 도로가 나온다. 앞으로 남은 거리 2.7km. 헤드랜턴을 꺼내 목에 건다. 이젠 물도 없다. 빨리 내려가는 것이 자신을 돕는 일이다. 제법 급경사가 계속된다. 1천4백 고지를 2.7km의 길이로 만들었으니 경사가 오죽할까?

동피골 야영장에 빨강, 파랑 불들이 현란하게 반짝이고 있다. 어둠을 삼켜버린 불빛, 희망의 빛이다. 배낭 내려놓고 시계를 보니 19:10이다. 11시간 걸렸다. 탈진한 사람을 돌보느라 2시간 이상을 소비했다. 캔맥주 하나 단숨에 비우고 운전석에서 길게 눕는다.

　샹그릴라다. 비로 인해 까맣게 각인된 전나무숲, 템플스테이 참가자들의 진지한 표정, 적멸보궁의 기도하는 사람들 모습이 어른거린다. 밤하늘 유난히 밝게 반짝이는 별들을 보며 잠속으로 빨려 들어간다. 오늘 참 길게 살았다.

진안고원
마실길 제4구간

　진안고원 마실길 제4구간 초입인 전북 진안군 성수면 오암마을은 원불교 성지로 유명한 만덕산 가는 옛길과 연해 있다. 마을 어귀에는 아주 오래된 정자나무가 있고, 고랭지 배추 벽화가 그려진 예쁜 공동창고가 있고, 가지런히 눈을 덮고 누워 있는 휘어진 방천둑이 있다. 광장에서 옛 주막집 자리를 보며 몸을 풀었다. 선인들은 이곳에서 국밥 한 그릇으로 고단한 몸을 달랜 후 저 산등성이를 넘었겠구나. 매웠을 그 아침이 김 되어 어른거린다. 광목 적삼에 짚신 한 켤레, 두건 하나로 이 한파와 맞섰을 테니 지금은 유가 아니었을 터다. 처졌던 어깨를 추어올리지 않을 수 없다.

　출발이다. 생눈 위에 발자국을 찍는 일은 행운이다. 내가 처음이라는, 아니 누군가를 위한다는……. 동심이 된 나는 자국을 하나라도 더 만들기 위해 맨 앞에서 내달렸다. 길은 대부분 강을 끼고 이어졌다. 산수의 빼어난 경관을 보면서 걷고 싶은 마음은 예나 지금이나 다르지 않으리라. 어쩌면 조물주는 인간이 탐미하기 편하도록 지형을 만들어 놓고 찾아 나서게 하였는지 모른다. 제주 올레길을 만든 '서명숙' 씨의 말이 떠오른다.

"험한 벼랑 같은 곳에 염소를 풀어놓고 따라가니 길이 되더라."

풍혈 냉천을 지나고 섬진강 본류를 따라가면서 길은 더욱 힘차게 굽이를 튼다. '원 도통' 마을에 이르니 마을회관 앞에 많은 주민이 몰려 있다. 달려가 보니 튀밥 튀는 사장님 출장 오시는 날이란다. 요즘은 튀밥도 사장님을 모셔다 튄다고 했다. 격세지감을 느끼지 않을 수 없다. 한 방에 사천 원. 한 어르신 강냉이 튀밥 자루가 홀쭉해졌다. 맛보기로 조금씩 나눠준 게 화근이었다.

"사카린을 안 넣었어!"

말이 소용없었다.

포장도로가 나온다. 쌩하고 달리는 승용차가 낯설게 느껴진다. 다리 난간에 기대어 잠시 상념에 잠긴다. 표지판 옆에 음각으로 새겨진 파란 물고기가 눈밭을 헤엄치는 듯하다. 무슨 그림인지 알 수 없어 바라보고 있으니 한 대원이 다가와 설명해 준다. 얼마 전 '로드 스쿨러'들이 다녀가면서 남긴 흔적이라고 한다. 자기도 아이를 그곳에 보내려고 했으나 여의치 않았다며 말끝을 흐린다. 어떻게 하는 게 전인교육인지. 그 학생들 공부하는 모습이 궁금했다.

중평마을에 도착했다. 마을 부녀회에서 따뜻한 국물과 정갈한 반찬을 준비해 줬다. 오랜만에 맛보는 두부 김칫국에서 깊은 맛이 난이다. 시원始原의 맛이다. '두렁쇠 가락 풍물굿'으로 유명한 마을이다. 전국적인 명성을 이어가고 있는 굿판에 끼어 더덩실 춤이라도 추고 싶다.

'아조개재'를 지나면서 임도가 시작된다. 도라꾸가 지나간 듯 눈길이 깊이 파였다. 덕분에 대열은 양쪽으로 나뉘어 대화하기에 좋았다. 제법 가파른 경사가 계속되는 길 가운데 눈이 심하게 흩어진 곳이 있었다. 리더인 정 대장은 멧돼지 떼가 뒹굴고 간 자리 같다고 했다.

"조용히 해요. 멧돼지가 뛰쳐나올지 몰라요!"

덕분에 뒤처진 대원들이 합류할 여유가 생겼다. 내동산 능선에 다다르니 천상이 따로 없다. 저 멀리 관촌 사선대와 청웅 백련산이 한 눈에 들어온다. 왼쪽으로는 백운산이 손짓하고…….

잠시 일손을 놓은 한적한 들녘이 시름에 젖어 있다. 일명 백마산이라고도 불리는 내동산을 끼고 내려오자니 정상을 밟고 싶다는 생각이 치민다. 더 높이 올라 오늘 걸었던 길을 한눈에 내려다보고 싶다. 상염북마을 '충목정'에 이른다. 벌써 도착 지점이다. 저 멀리 산아래로 땅거미가 일고 있다. 고마운 무진장 여객이 여행객들의 무거운 발길을 싸안아 준다. 영하 18°의 강추위 속 15.51㎞ 꽃길은 꿈만 같았다. 진안고원 마실길 제4구간에서 선인의 숨결을 느낀 하루였다. 변화하는 시골 풍경이 새로운 맛으로 다가왔다.

로드무비의 대명사로 불리는 영화 〈아이다호〉에서 '마이크 워터스'가 한 말이 귓전을 울린다. "이 길과 똑같은 길을 본 적은 한 번도 없어, 세상의 길은 모두 다르니까."

그렇다.
세상의 길은 모두 다르다.
남한 유일의 고원 진안, 그곳 마실길 제4구간.

이 길도 다르다.
길 따라 걸은 나도 다르다.

5

나는
영화와 함께
살기로 했다

영화가 나에게 왔다

여름이면 냇가 자갈밭은 우리 놀이터였다. 멱감고 나와 몸을 말리고, 매끈한 돌을 골라 물수제비를 뜨고, 다시 물속에 들어가 자맥질하고 밖으로 나올 때는 너나 할 것 없이 입술이 파랬다. 어금니를 딱딱 부딪치며 고무신에 물을 담아 뜨겁게 달궈진 자갈밭에 뿌리면 돌이 적당히 식어 몸을 누일 수 있는 상태가 되었다. 누워서 보면 늘 멈춰 있는 산 위에서 하늘과 구름이 시시각각 모습을 바꾸며 서로 소통하고 있었다.

초등학교 6학년 여름이었다. 어느 날 우리가 누워 있는 곳으로 제무시(GMC) 한 대가 웽웽거리며 다가왔다. 앞자리에는 윗동네 형이 타고 있었다. 짐칸에는 장정 몇 사람이 옆으로 줄지어 앉아 있었는데 각자 연장을 들고 있었다.

"네 이놈들, 빨리 집에 가서 숙제하거라!"

순식간에 그들은 자갈밭을 점령해 버렸다. 내가 누워 있던 곳에 괭이가 들어가고 쇠말뚝이 세워졌다. 말뚝 작업은 일정한 간격을 두고 계속되었다.

해 질 무렵, 우리 집 앞 공터에 제무시가 들어왔다. 잠시 뒤 귀청이 찢어질 듯한 노랫소리가 들려왔다. 이미자의 〈동백 아가씨〉였다. 당시 마을은 집마다 스피커가 달려 있었고, 이를 통해 〈동백 아가씨〉, 〈그리움은 가슴마다〉, 〈불어라 열풍아〉 등 유행가가 흘러나왔었다. 차 속에서 어떻게 음악을 내보낼까. 오직 내 궁금증은 거기에 있었다. 제무시 문에 붙어보고, 까치발을 디뎌 보아도 노래를 부르거나 내보내는 사람은 없었다. 잠시 뒤 운전을 한 듯한 이가 손에 무엇을 들더니 거기에 대고 말했다.

"… 눈물 없이는 볼 수 없는 영화, 〈열풍〉! 기대하시고 고대하시라."

도대체 무슨 말을 하는지 하나도 알아들을 수 없었으며 그 사람이 들고 있는 큰 소리를 내는 쇠붙이만이 나의 궁금증을 증폭시킬 뿐이었다.

제무시는 왕왕거리며 거리를 휩쓸었고, 어른들은 큰 구경거리가 왔다며 날이 어두워지기를 기다리는 눈치였다. 이윽고 밤, 나는 친구들과 함께 자갈밭으로 갔다. 자갈밭은 불야성을 이루고 있었다. 그리고 스피커에서는 낮의 그 노래들이 연거푸 울려 퍼지고 있었다. 우리는 한 발씩 조심스럽게 다가섰다. 아뿔싸! 우리 놀이터가 안이 보이지 않도록 하얀 천으로 둘러쳐져 있고, 입구에선 낯선 아저씨 두

명이 들어가는 사람들로부터 무엇인가를 받으며 말을 주고받고 있었다. 뭐람. 도무지 영문을 알 수 없는 일의 연속이었다.

"돈이 있어야 안에 들어갈 수 있단다. 영화라는 것을 보는 곳인데, 너희들이 봐서는 안 되는 영화이니 어서 집에 가서 자거라."

동네 아저씨 말이었다.

'영화가 뭐지?'

친구들은 하나, 둘 흩어지고 나만 홀로 남았다. 냇가에 앉아서 화풀이라도 하듯 애먼 물속에 돌을 던지고 있었다. 영화가 시작된다는 안내 방송이 나왔다. 그리고 곧 내 등뒤 스피커에서는 어른들과 아이가 이야기하는 소리, 웃는 소리, 우는 소리 등이 연이어 흘러나왔다. 돌아보았다. 천막에 사람들이 어른거리는 모습이 비쳤다. 그리고 한참 후 또 우는 소리가 들렸다.

'왜 울고 그래?'

궁금해서 미칠 지경이었다. 천막을 열고 들어갈 수도 없는 일. 앉았다 일어서기를 얼마나 반복했는지 모른다. 그런데 이게 웬일, 갑자기 천막 아랫부분이 걷히고 안이 훤히 들여다보였다. 안에는 많은 사람이 줄줄이 앉아서 앞 화면을 뚫어져라 보고 있었다. 한참 후 밖에 있던 사람 몇몇이 줄지어 천막 안으로 상체를 숙이고 들어갔다. 나도 정신없이 따라 들어갔다. 앞은 천막 한 폭을 몇 개의 장대에 꿰어 세워 놓았으며 그 막 위로 그림자 같은 사람들이 움직이고 있었다.

'햐~ 근디 저것이 멋이다냐?'

내 감탄이 끝나기도 전에 끝이란 글자가 나오고 이어 사람 이름이 계속 위로 올라가는 것이었다. 무엇이 무엇인지 원.

그해 늦여름, 자갈밭에서 대사大事가 다시 한번 벌어졌다. 전처럼 제무시가 웽웽거렸고, 〈동백아가씨〉가 울려 퍼졌으며 자갈밭은 다시 불야성을 이루었다. 이 모든 일이 진행되는 동안 나는 제무시를 따라다녔고, 운전사가 든 것이 마이크란 사실도 알게 되었으며, 영화란 화면 위에서 펼쳐지는 하나의 이야기란 사실도 알게 되었다. 이날 상영할 영화는 〈저 하늘에도 슬픔이〉였다. 아이들도 입장이 가능하다는 것. 문제는 입장료였다. 10원쯤 되었던 것 같다. 가끔 동전 몇 푼을 용돈으로 받던 시절이기에 10원은 언감생심 말도 꺼내지 못할 거금이었다.

무슨 방법이 없을까……? 마감 10분 전이란 안내 방송이 나오고 줄은 휘청거렸다. 곧 출입문이 잠길 것이다. 제무시로 달려갔다. 괭이를 꺼내 들었다. 천막 아래를 파는 거다. 지난번에 영화 끝날 무렵 천막 아랫부분을 들춰 둘둘 말아놓은 것을 보았던 터다. 돌 들어내고 땅을 조금만 파면 내 조그만 육신 하나는 충분히 들어갈 수 있을 것이다. 돌은 들어냈는데, 괭이가 말을 안 들었다. 쪼그려 앉았지만, 괭이 쇠붙이 부분을 붙잡고 땅을 파는 게 쉬운 일이 아니었다. 그것도 자갈밭 맨땅이다. 영화는 시작되었고, 아까운 시간은 흐르고 있었다. 이제껏 살아오면서 이렇게 조급한 상황과 맞닥트린 것은 처음이었다.

땀이 비 오듯 흘러 몸이 흠뻑 젖었다. 땅은 안 파지고, 무심한 시간은 빠르게도 흐르고 있었다. 이때다. 누군가 내 귀를 힘껏 잡아당겼다. 그쪽을 바라볼 힘조차 없었다.

"너 이리 나와. 지서 순경한테 가야겠어."

청천벽력 같은 소리에 그만 얼어붙어 꼼짝할 수 없었다.

"일어서!"

다리가 풀려 일어날 수 없었다. 잠시 후 나는 낯선 남자의 손에 이끌려 천막 안으로 들어가고 있었다. 그리고 펑펑 울면서 영화를 봤다. 영화는 무척 슬펐고, 나는 매우 초라했다.

"영화가 그렇게 보고 싶어? 다음에 또 보고 싶으면 나를 찾아와."

뭐지? 세상에 이런 사람이 있다니. 천막 입구에서 표 받고 질서 유지하는 사람인데, 그들을 '기도'라고 불렀다. 정말 고마웠다. 영화〈시네마천국〉의 영사 기사 '알프레도' 같은 존재. 이후 전주에 있는 중학교에 진학하는 바람에 이 아저씨와의 만남은 다시 이루어지지 않았다. 언제고 영화를 볼 때면 그 아저씨 얼굴이 떠오른다. 내 인생의 최초이자 최고의 동기부여자이다. 고마운 아저씨!

내 인생의 영화

마음 깊은 곳에 영화 한 편 넣어 두고 산다. 외로울 때, 그리울 때 꺼내 보면 싱그럽고 넉넉한 모습이 항상 그대로다.

영상영화심리상담사 입문할 때 면접관이 물었다.

"10대 시절에 당신에게 특별한 영향을 준 영화를 기억합니까?"

잠시 머뭇거리고 있는데, 다음 질문이 이어졌다.

"영화는 당신에게 어떤 영향을 주었습니까?"

"영화 기억이 당신이 스스로를 인식하고 세상을 보는 방식에 어떤 영향을 미쳤다고 생각하십니까?"

......?

생각은 영화 〈박하사탕〉의 '영호'가 탄 뒤로 가는 기차처럼 플래시백 되어 열일곱 살 시절 감명 깊었던 한 편의 영화를 향해 달리기 시작했다.

콜로세움 앞 빗길 횡단보도에 주인공 '레이 케스터(크리스토퍼 미첨

분)'가 나타난다. 커다란 가방을 하나 들었는데, 옆으로 많이 기울었다. 콜로세움은 보기 좋게 삐뚤어져 있고, 외곽은 엄청나게 많은 자동차로 빼곡히 채워졌다. 주제곡 〈런 앤 런(Run and Run)〉이 일렉기타 반주로 경쾌하게 울려 퍼진다. 장면이 바뀌고 은색 장발을 한 레이는 붉은색 오토바이를 타고 나타난다. 아버지를 살해한 적들을 처치하기 위해 총 한 자루 옆에 끼고 가속 핸들을 끝까지 당긴다.

한참 뒤, 오토바이가 당도한 곳은 한 대학교다. 학생들이 끝없이 쏟아져 나오고 있다. 카메라가 한 여학생을 따라간다. 긴 머리에 갸름한 얼굴의 앳된 소녀다. 측면을 비추던 카메라 앵글이 이동하며 얼굴 정면을 클로즈업한다. 마지막 타깃인 마피아 두목 알프레디의 딸 '타니아'다.

'아니! 사람이 저렇게 예쁠 수가.'

여학생은 그때까지 내가 본 여성 중 가장 예뻤다. 그런데 배우의 프로필을 알 길이 없었다. 인터넷도 없던 시절인 데다, 엔딩 크레딧 볼 줄도 몰라 궁금증을 푸는 데 오랜 시간이 걸렸다. 당시 대학에 다니던 친척 형이 배우 이름을 알려줬다. '올리비아 핫세'라고. 달갑지 않은 말이 이어졌다.

"짜식 눈은 있어가지고……."

나는 크면 저렇게 예쁜 여인과 결혼하리라.

영화의 정점은 레이가 타니아를 수중 가옥으로 납치하는 에피소드다. 타깃을 잡을 때까지 타니아를 인질로 데리고 있을 계획일 터.

둘은 며칠간 서로 신경전을 벌이는데 어찌된 영문인지 수영복을 자주 입는다. 이런 가운데 울려 퍼지는 음악은 〈Like a Play〉다. 레이가 출타할 때는 모터보트를 탄다. 수중 가옥이 물결에 세차게 흔들린다. 틈만 나면 탈출을 시도하는 타니아. 그러나 저 물결처럼 요동치는 마음은 어찌할 수 없어 보인다.

영화 제목은 〈서머타임 킬러〉다. 1972년 국내에서 개봉했다. 주말의 명화에서 이 영화를 많이 상영했다. 영화 속 많은 것이 내가 처음 대하는 장면이고 상황이었다. 상상 속에도 없던 것들이다. 나는 레이가 되고 말았다. 오토바이를 타고 타니아를 향해 질주했다. 비 오는 콜로세움 앞 횡단보도를 가방을 든 내가 건너고 있다. 밤이면 영혼이 콜로세움 상공을 날아다녔다. 삶은 Run and Run(뛰고 또 뛰고)이자, Like a Play(놀이처럼)라고 스스로 세뇌하였다.

힐링 시네마에서는 이처럼 한 사람의 10대 시절에 마음속 깊이 새기고 정서적으로 공유하는 영화를 '내 인생의 영화'라고 한다.

이제 내가 면접자가 되어 많은 사람에게 내 인생의 영화에 관하여 묻는다. 〈사운드 오브 뮤직〉, 〈라스트 모히칸〉, 〈소울서퍼〉, 〈원더〉 등. 다양한 답변이 나온다. 대부분 화자가 강렬한 정서적 경험을 한 소중한 추억의 산물이다. 영화는 인생보다 더 큰 경험(Bigger Than Life Experience)의 제공자이자 도전의 장이다. 10대 시절에 커다란 감명을 받은 한 편의 영화는 한 사람의 삶에서 길이고 빛이다.

로마에 갔을 때 콜로세움 앞 횡단보도를 찾아가 걸었다.
60세 경험으로, 10대 시절 발랄했던 감성으로.

자기 조력을 위한
영화 보기

　자기 조력(Self Help)이란 스스로 돕는 것을 말한다. 원하는 것이 있을 때 또 고난과 역경에 처했을 때 남의 도움을 받지 않고 자기 힘으로 얻거나 해결하는 힘이다. 무엇이든 스스로 감당하는 능력을 보유한다는 것은 가슴 벅찬 일이 아닐 수 없다. 자존감, 자기 효능감이 쑥쑥 올라가니 이보다 더 좋을 수 없다.

　자기 조력은 육체적·기능적인 부분도 있지만, 심리적인 요구도 매우 크다. 힐링 시네마*에서는 긍정적 정서, 자기 성찰, 인간관계, 인지적 틀, 삶에 대한 태도와 지혜 등에 초점을 맞춘다.

---

* 힐링시네마: 고차원적인 자아 발견, 삶의 의미 깨닫기, 인지적 틀 발견하기, 위로와 심리적 위안, 문제해결력 증진 등에 도움을 주는 영화 접근법을 말한다.

생애 주기별로 적용하고, 노년층에 대해서는 삶에 대한 깊은 이해로 자아 통합을 이루도록 돕는다.

나는 언제나 자기 조력의 과제를 미결 감정 해소에 두고 있다. 미결 감정이란 욕구가 해결되지 못했을 경우 원한, 분노, 증오, 고통, 불안 등과 같이 표현하지 못한 감정으로 나타나는 것을 말한다. '폴스터'*라는 심리치료사는 '완결되기를 촉구하며, 미결 감정이 강하면 편견이나 강박 행동, 의기소침 등으로 나타난다.'라고 하였다.

직장 생활할 때 보직과 승진 경쟁은 실로 숨 막히는 전쟁이었고, 내 뜻대로 되지 않았을 때 상심은 매우 컸다. 술을 마시고, 소리를 지르고……. 주변을 둘러봐도 내 심경을 알아주는 사람은 별로 없었다. 상황을 내가 통제할 수 있는 게 아니었기에 회복 속도가 느렸다. 무엇을 하든 숫자를 헤아리는 강박 행동이 뒤따랐고, 의기소침에서 헤어나지 못했다.

내가 나를 도와야 한다. 내가 나를. 영화 따라 상상 여행을 했다. 외로울 때면 〈해피투게더〉의 아르헨티나 우슈아이아, 사람의 정이 그리울 때면 〈바그다드카페〉의 모하비 사막, 소심해질 때면 〈프리실라〉의 엘리스 스프링스, 의지가 약해질 때면 〈세상에서 가장 빠른 인디언〉의 보너빌 솔트 플래츠……. 영화 펼쳐놓고 원하는 곳에서 한껏 머물다 보면 회복의 기운이 새싹처럼 움텄다.

---

* 폴스터: 미국의 게슈탈트 치료자. 펄스(Perls) 사망 이후 세계적인 명성을 얻었다.

나이 들면서 우울감이 엄습할 때가 있다. 계절, 관계, 욕구, 자괴감 등이 그를 부르는 것 같다. 이탈리아 영화 〈그레이트 뷰티〉를 찾아냈다. 실존적이며, 화려하고, 리드미컬한 영화다. 제목이 말하듯 '진정한 아름다움을 찾아가는' 여행을 그렸다.

영화는 시작부터 묵직한 울림을 주는 경구를 제시한다. '누구든 남 못지않게 여행을 할 수 있다. 눈을 감는 것으로 족하다. 그것은 삶의 저편에 속한다. 다 속임수다.' '루이 페르디낭 셀린느'의 《밤 끝으로의 여행》 서문에 나온 글 부분 인용이다.

40여 년 전 소설 한 권을 끝으로 더는 책을 쓰지 않는 '젭'은 로마 1%의 삶을 누리는 셀러브리티(유명 인사)이다. 65번째 생일 파티를 하고 난 어느 날 첫사랑 여인의 부고를 받는다. 일순 눈앞에서 번갯불 같은 섬광이 지나간다. 18세에 20세 여인을 죽도록 사랑했고, 25세 전후해서 베스트셀러 작가가 되었다. 이후 40여 년은 그저 생각 없이 세월을 보냈다.

고개를 돌리면 콜로세움 전경이 한눈에 들어오는 집에서 호화로움에 절어 살았고, 밤이면 화류계 여성들을 불러 난잡한 파티를 즐겼으며, 해먹에 누워 고급 와인을 홀짝거리는 삶에 취했다. 작가라지만 글은 단 한 줄도 쓰지 않았다.

영화는 그의 정체된 삶에 대하여 '무엇을 위함인가?'라는 질문을 던진다. 허울뿐인 행복과 쾌락, 위선, 환멸, 권태가 방안 가득한 담배 연기보다 짙게 밴 사람에게. 그는 어느 날 늙어 몸도 제대로 가누지 못하는 한 성녀를 만난다. 젭의 작품을 좋아한다는 성녀가 묻는다.

"왜 다른 작품을 쓰지 않았나요?"

"진정한 아름다움을 찾아 헤맸어요. 그런데 아직 못 찾았어요."

"……?"

"내가 식물의 뿌리만 먹는 이유를 아나요?"

"아뇨. 왜죠?"

"뿌리가 중요하기 때문이에요."

성녀는 '성 요한 대성당' 많은 계단을 기어서 올라간다. 젭은 첫사랑 연인과 열렬히 사랑을 나눴던 섬으로 향하고, 섬 계단에서 그녀의 환영과 만난다. 그녀와 함께 있을 때 느꼈던 것이야말로 진정한 아름다움이었음을 깨닫는다. 이어 독백 문구가 자막으로 길게 깔린다.

'저 너머에는 저 너머의 것이 있다. 난 저 너머에 있는 것은 다루지 않으련다. 그리하여 이 소설은 시작된다. 다 속임수다.'

수미상관 구조를 가진 영화다. 영화가 선택한 공간은 18세 첫사랑, 25세 베스트셀러 작가 그리고 로마의 셀럽이 되어 빈둥거린 65세의 삶까지다. 이 영화를 보고 나면 마음이 불편하지만, 불안은 감소한다. '너는 지금 가장 중요한 것이 무엇이냐? 진정한 아름다움은 찾았느냐?'

…….

삶의 저편을 봐라. 마음 너머에 마음 너머의 것이 있다. 존재의 불가피함은 늘 존재를 시험한다.

메멘토 모리와
간웅 조조曹操의
자아 통합

    메멘토 모리(Memento mori)는 '죽는다는 것을 기억하라.', '죽음을 잊지 말라.' 등으로 번역되는 라틴어 문구다. 사전을 보면 '어휘 Memento는 Remember에, mori는 (to) die에 대응한다.'라고 되어 있다.
    영화 〈쿼바디스(Quo Vadis, 1955)〉에 '네로' 황제 때 개선장군의 웅장한 환영식 에피소드가 있다. 장군이 탄 전차 뒷자리에 월계관을 든 시종이 동승하여
    "이래봤자 당신도 어쩔 수 없는 인간이오."
라는 말을 반복한다. '월계관 썼다고 너무 우쭐대지 말라'고 바꿔 말할 수 있는 이 지시문이 메멘토 모리의 기원이라고 알려졌다. 동양권의 비슷한 말은 화무십일홍花無十日紅이다.

"내가 천하를 저버릴지언정 천하가 나를 저버리게 하지는 않을 것이다."

라고 말했다는 조조曹操. 소설 《삼국지연의》에 '치세에는 영웅이요, 난세에는 간웅'이라는 평을 남긴 사람. 말년에는 자기를 위왕魏王으로 봉하고 황제와 마찬가지 권력과 위세를 행사하였다. 아들 조비曹丕가 헌제에게 선양을 받아 위나라 황제가 되자 무황제武皇帝로 추존되고 태조太祖라는 묘호廟號까지 받는다. 완벽한 권력자의 전형인데 이 사람의 노년은 어땠을까. 자아 통합* 말이다. 영화 〈조조-황제의 반란(The Assassins, 2012)〉은 오그라들어 볼품없기 짝이 없는 조조의 오장육부에 카메라를 들이댄다.

서기 210년. 동작대銅雀臺*에서 노년을 보내고 있는 조조의 심기는 불편하기 짝이 없다. 수많은 살육의 후유증으로 밤이면 악몽 때문에 잠을 설치고, 두통이 심해 훈증과 온열 치료를 받지 않고는 견딜 수가 없다. 무엇보다 힘든 것은 시도 때도 없이 '관우'의 환영이 나타나는 것이다. 자신의 수하에 있던 관우가 '유비'에게 간 것은 엄청난 충격이었다. 그러나 그는 관우를 힘으로 막지 않았다.

---

* 자아 통합: 자신의 삶을 되돌아보면서 자신의 인생을 수용하고 갈등, 실패, 실망 따위를 성공, 기쁨, 보람 따위와 함께 전체의 삶 속에 포함하는 것(출처: '에릭슨'의 《심리 사회적 발달단계》).
* 동작대: 옛 누대樓臺이며, 후한 말기에 조조에 의해 업鄴의 북서쪽에 건설되었다. 구리로 만든 봉황으로 지붕 위를 장식한 데에서 이름이 유래하였다(출처: 위키백과).

관우는 7년여 방황 끝에 손권에 의해 최후를 맞는다. 조조에게 환심을 사려던 손권은 수급을 넘겨준다. 제후의 예를 갖춰 장례를 치렀지만, 자꾸 눈에 밟히는 것이다. 조조는 관우에게 이렇게 말한 적이 있다.

"난세의 책임은 한 개인에게 있는 게 아니라 모두의 책임이다. 나 역시 양의 탈을 썼다."

조조가 언제 역모를 꾀할지 몰라 두려운 황제 '헌제'는 조조의 칼로 인해 사생아가 된 아이들을 뽑아 가혹한 암살 훈련을 시킨다. 영문도 모른 채 독기를 품고 성장한 아이들이 무사가 되어 동작대로 들어간다. 그 안에 '영저'와 '목순'이 있다. 영저는 조조의 시중드는 일을, 목순은 조조의 퇴로를 지키다가 기회가 왔을 때 단칼에 베는 역할을 맡는다. 둘은 사랑하는 사이, 틈만 나면 서로 만나 애끓는 사랑을 나눈다.

"아무리 좋은 세상이 와도 나와 좋은 사람의 자리가 없다면 의미가 없어!"

두 사람 눈에 날이 갈수록 힘이 들어간다.

한편 고뇌에 찬 조조, 심약해진 조조를 바라보는 영저의 눈은 연민으로 가득하다. 이 무슨 아이러니인가. 결정적인 기회가 왔음에도 은장도를 쓰지 못하는 이 처자, 손만 부르르 떨고 있다. 이런 정황을 아는지 모르는지 조조는 틈만 나면 수하들을 향해 공갈을 친다.

"내가 지금까지 살아 있음은 그 누구도 믿지 않았기 때문이야. 알아? 죽음은 권력과 같은 것이라고."

　영저를 향해 여포의 첩 '초선'과 닮았다며 그윽한 표정을 짓는 조조. 기댈 곳 없는 한 남자의 외로움이 미천한 여인의 치마폭에서 초라하게 들썩거린다. 영화는 조조의 지난날을 끊임없이 반추한다. 강했던 과거와 허울뿐인 지금……. 그런 중에 황제와 기싸움하는 장면도 생생하게 보여준다.

　"그러면 왜 내게 권력을 주지 않는 것이오?"

　"백성의 복종을 위해 자기 행복을 희생하는 자만이 나라를 다스릴 수 있는 것입니다. 소신小臣이 없다면 이 나라에 황제와 왕이 얼마나 많을지 아십니까?"

　헌제가 울먹이며 말한다.

　"위왕(조조를 지칭)과 한 시대를 산 것은 내게 저주요."

　"두통 때문에 머리가 어지러운 것인지, 걱정이 많아서 두통이 있는지 모르겠구나."

라고 말하는 조조를 두고 영저는

　"그의 몸 전체에 지난 상처와 전쟁의 흔적만 남아 있었다."

라고 목순에게 말한다.

　자아 통합의 중요성을 조조를 통해 깨닫는다. 미국의 심리학자 '에릭 에릭슨'은 말했다. 자아 통합 달성에 실패하면 '이제 시간이 얼마 남지 않았고 다시 시작하거나 다른 방법을 찾기에는 너무 늦었다고 느끼게 되면서 지나온 생을 후회하며 절망하게 된다. 이러한 절망을 감추

기 위해 다른 사람의 잘못과 말썽을 참지 못하고 사소한 일에도 쉽게 혐오를 느끼게 되는데, 사실 이러한 혐오는 스스로에 대한 경멸의 의미이다.'라고.

메멘토 모리는 화자의 언어가 아니라 그를 지켜본 주위 사람들의 언어다. 이를 아는지 모르는지……? 조조는 죽는 날까지 이를 자기 언어로 착각하고 살았다. 사람들은 영저가 본 조조의 내면을 알지 못한다. 역사는 그의 무용담을 장황하게 늘어놓고 있으며 봉황으로 장식된 동작대를 클로즈업할 뿐이다.

지시적 영화 보기

영화 보는 것을 일삼고 살다 보니
"영화 어떻게 봐야 해요?"
라는 질문을 많이 받는다. 한 유명 감독의 말로 답을 대신한다.
"그냥 보세요."

중국집 가서 짜장면 먹을 때 주방장 불러 놓고 재료는 무엇을 썼는지, 이 집 맛의 비결은 무엇인지 묻느냐며 하는 말이다. 관객의 관점을 존중한 말인 줄 알지만, 힐링 시네마에서는 강조하는 포인트가 있다. 레시피는 물론 맛의 깊이를 알아야 힐링의 숲으로 안내할 수 있기 때문이다.

영화 관람 포인트를 세 가지로 나눈다. 지시적 교육적 목적으로 활용하는 지시적 기법, 영화 감상 후 자유 연상되는 어린 시절의 기억과 중요한 타인에게 갖는 감정을 터치하는 연상적 기법, 영화 관람을 통해 웃음과 울음·분노·두려움 등 다양한 감정을 경험하고 억압된 감정을 방출하는 정화적 기법 등이다.

이 중 지시적 기법(The Prescriptive Way)은 영화를 정보 제공의 원천으로 여기며 관찰 학습이나 대리 학습의 강력한 도구로 가정한다. 치유 요인은 세 가지로 요약된다.

먼저 객관화이다. 주관적인 시각을 제삼자적 관점으로 돌려 자기를 돌아보도록 하는 것을 말한다. 다른 사람의 경험과 생각을 보며 대리로 세상을 알게 하는 심리적 거리 두기 기법이다. 세상이 정의롭지 못하다고 말하는 중학생들에게 영화 〈안티고네〉를 보여줬다. '안티고네'는 그리스 신화에 등장하는 테베 왕 오이디푸스의 딸이다. 전쟁터에서 죽은 오빠 폴리네이케스의 시체에 모래를 뿌려 장례 의식을 행하였다가 처형당했다.

영화 속 안티고네는 캐나다 정착을 위해 몸부림치는 한 이민 가정의 여학생 이름이다. 어느 날 큰오빠가 총에 맞아 절명하고, 작은오빠가 감옥에 갇힌다. 안티고네는 이처럼 약자를 마구 대하는 불합리한 사회 제도와 맞서 목숨을 걸고 싸운다.

다음은 '생각과 행동의 명료화'이다. 생각과 감정을 보다 잘 이해하도록 돕고 이를 언어화·명료화하는 것이다. 처한 상황에 대하여 더 나은 관점을 개발하도록 해준다. 기발하기도 하고 합리적이기도 한 등장인물을 보며 이를 기준으로 무엇을 해야 할지, 할 것과 하지 말아야 할 것을 구분하도록 도와준다. 우리 영화 〈더 킹〉에는 건달

아버지를 둔 말썽꾸러기 고등학생 '태수'가 나온다. 어느 날 아버지가 검사에게 혼쭐나는 것을 보면서 자기도 검사가 되겠다고 결심한다. 독기를 품고 공부한 끝에 서울대를 나와 검사가 된다. 정치 검사들의 윤기 번지르르한 모습에 매료되어 그 길을 따라 걷다가 검찰에서 쫓겨난다.

마지막은 '모델링'이다. 영화 속 등장인물이 자신과 비슷한 문제를 어떻게 해결하는지 보여주고, 다양한 문제 해결책을 제시한다. 캐릭터의 문제 해결 방식을 그대로 모사하거나 자신의 문제에 활용할 수 있도록 도와준다. 좋은 모델과 나쁜 모델의 변별력을 갖는 게 중요하다. 태국 영화 〈배드 지니어스〉는 시차를 이용하여 SAT(미국 대학 입시 자격시험) 국제 커닝을 하는 천재 학생의 심리와 이를 둘러싼 주변 인물의 반응을 다룬다. 주인공 '린'은 포스터에 대고 '나쁘지만 다 하고 싶잖아!'라고 쓰고 있다. 중학교 또래 상담에서 '나쁘지만 다 하고 싶은 것'을 물어보니 '게임'이라는 답이 가장 많이 나왔다.

프랑스 영화 〈까밀 리와인드〉에 '나인홀드 니부어'의 기도문이 등장한다. '바꿀 수 있는 것을 바꾸는 용기와 바꿀 수 없는 것을 받아들이는 마음의 평정 그리고 그 차이를 아는 현명함.'

주인공 '까밀'은 삶을 원하는 지점으로 리와인드(되감기) 하고 싶어 갖은 노력을 다한다. 어느 날 꿈꾸듯 원하는 여고 시절로 돌아가게 되는데, 예전과 조금도 다름없이 산다.

내가 좋아하는 영화, 내가 교육이나 상담에서 잘 활용하는 영화는 대부분 지시적 기법을 적용하는 영화이다. MBTI로 볼 때 나의 유형은 INFJ, 즉 내향적 직관형이다. 스스로 갈등이 많으며, 복잡한 문제나 인간관계를 이해하고 조절하는 데 관심이 많은 유형이다. 그래서일까. 영화 메시지와 캐릭터의 특성을 깊이 이해하고, 이를 바탕으로 변화를 도모하고자 많은 노력을 경주하고 있다. 지시적 영화 보기는 안내자가 필요하다.

이베
이야기

 아침에 일어나면 마을을 샅샅이 순찰하고 전날과 다른 점을 점검한다. 마을로 진입하는 차가 있으면 무조건 가로막는다. 마을은 차량 출입 금지 구역이다. 지정 장소가 아닌 곳에 받쳐둔 자전거가 있으면 불끈 들어 창고에 집어넣는다. 아내가 잠들어 있는 공동묘지에 가기 전 꽃집에 들른다. 차례를 지키지 않는 고객을 향해 불같이 화를 낸다. 아무 데나 오줌을 누는 개와 주인을 향해 고래고래 고함을 지른다. 개를 그대로 내버려 두면 주인을 그냥 두지 않겠다며 으름장을 놓는다.
 영화 〈오베라는 남자〉의 주인공 '오베'가 사는 모습을 묘사한 글이다. 멤버 끼리 한 달에 한 번 하는 시네토크 시간에 오베 캐릭터에 공감했다. 참여자들이 깔깔대며 웃은 뒤 나에게 '이베'라는 별명을 붙여줬다. 성이 이李가이니 이베 하라는 것이다. 오베 동생 이베. 짓궂은 사람들 장난이 섭섭하였다. 평소 내가 사는 모습이 오베와 닮은 면이 있는가? 있다면 무엇인가 살펴보는 계기가 되었다. 협력 병원 의사에게 영화를 소개한 후 나에 대해 질문했다.

운전할 때 거리에 침 뱉고, 담배꽁초 창밖으로 내던지고, 신호 위반에 무단 끼어들기 등 무례한 운전자들에게 고함을 지른다. 아파트 지하 주차장에 공간이 많이 비어 있음에도 통로에 주차한 차량을 보면 자꾸 차 안을 들여다본다. 내가 보낸 카카오톡을 읽고 시간이 많이 지났음에도 반응하지 않는 상대에게 가끔 내색한다. 기관·기업체 콜센터에서 이용자 불편 신고를 무성의하게 처리하면 기어코 책임자를 불러 시정을 촉구한다. 이런 경향의 사람입니다.

"전두엽 기능 저하에 충동 조절이 안 되는 증상 같다. 진단을 받아보시라."

내가 전두엽 기능에 문제가 있다는 말인가?

시간이 지나면서 사람들은 꼰대라는 별명을 하나 더 붙여줬다. 꼰대라. 이 시대 나이든 사람들을 뭉뚱그려 매도하는 말이 꼰대다. 존재하는데 증명할 수 없는 말, 지탄 조의 말, 듣고도 못 들은 척할 수밖에 없는 말, 시비가 붙어도 해명할 수 없는 말, 말하는 사람은 있어도 듣는 사람은 없는 말…….

꼰대 이베를 바꿔보기로 했다. 길에서 운전자들이 무례하게 굴든 말든 본체만체하기로 한다. 내 자동차를 옥외에 주차한다. 카카오톡

문자를 가급적 조금만 보내되 상대방 반응에 신경쓰지 않기로 한다. 콜센터에 전화할 때 기다림이 길어져도, 응대가 부족해도 그냥 참기로 한다.

며칠 해 보니 안 맞는 옷 입은 것처럼 몸이 거북하다. 입맛도 없다. 말수도 적어지고, 걸음걸이도 느슨해지고, 어깨도 처지고, 눈은 바닥을 향한다.

공원에서 산책할 때 개들이 유난히 나에게 관심을 보인다. 바지에 얼굴을 비비고, 운동화를 물기도 하고, 앞발을 들어 안기려 들기도 한다. 주인이 줄을 잡아당기면 기를 쓰고 버틴다. 무엇을 하긴 해야겠는데, 주인에게 해야 하나 개에게 해야 하나? 자리를 벗어나려고 속보로 걸어가면 개 한 마리가 졸졸 따라온다. 뛰면 저 개도 뛰겠지. 참자. 개보다 빨리 뛰면 개보다 더하고, 같이 뛰면 개와 같고, 늦게 뛰면 개보다 못하다. 동네 산책도 고민이다.

'프레드릭 베크만'의 동명 소설 《오베라는 남자》에서는 주인공을 이렇게 묘사한다. '오베는 세상을 흑백으로 보고 있다. 사랑하는 부인은 색깔이었다.' 부인이 세상을 떠난 후 오베가 볼 수 있는 컬러는 사라졌다.

"읍쓰."

아베만 아니라면 될 일이라며 넘어가기로 했는데, 그럴 일 아니다. 지금 나는 시험당하고 있다. 중과부적이다. 반발도, 반론도 제기할 수 없는 답답한 상황에 놓여 있다. 거창하게 정의의 사도로 살아온 것도 아니고, 사회 개혁가는 더욱 아니었다. 혼란스러운 마음으로 나에게 묻는다.

'이베로 돌아갈 거야? 조금 누르고 살 거야?'

나는 지금 누가 연주하는지도 모르는 음악에 맞춰 막춤을 추고 있다.

동성애는 생득生得인가 성적 취향인가

"그쪽이건 이쪽이건 뭐가 문제야. 저기 가면 그쪽인가?"

얼마 전 우리나라 한 연예인이 자신의 동성애 루머에 대하여 흥분하며 던진 말이다.

"피해 준 것도 아닌데 왜들 호들갑이야?"

당당히 맞서겠다는 자세를 취하는 게 용했다. 커밍아웃할 것인지 분명하지 않았지만, 존재의 자유라는 측면에서 용기 있다고 보았다.

'도기숙'이 2018년에 발표한 〈동성애 생득적 담론〉이란 논문을 보았다. '동성애는 생물학적으로 타고난 것인가. 혹은 정신분석학의 주장처럼 어린 시절의 어떤 결핍된 성장 배경을 통하여 선택하게 된 성적 취향의 문제인가. 사실 동성애 유발 원인에 관한 질문은 우리나라의 경우 보수와 진보 양 진영에서 금기시되고 있다.'

동성애에 대한 나의 관심은 1987년에 나온 영화 〈모리스〉를 본 후에 커졌다. 영화는 리마스터링 작업을 거쳐 2019년 11월에 처음 개봉되었다. 우리나라에서 상영하는 데 30여 년을 기다린 이유가 정확하게 무엇인지는 몰라도 상기한 담론과 무관치 않을 것이라는 생각을 했다. 'E. M. 포스터'의 장편소설 《모리스》를 먼저 읽고 영화를 보았다. 영화는 원작 내용을 사소한 대화까지도 세심하고 충실하게 반영하였다.

20세기 초 영국 케임브리지 대학교에서 만난 남학생 '클라이브(휴 그랜트 분)'와 '모리스 홀(제임스 윌비 분)'이 사랑에 빠진다. 수시로 변하는 강렬한 눈빛, 세밀하고 분주한 동작, 쓸어내리는 손길, 눈물을 담아내는 상대의 눈까지 모두 사랑이다. 감독은 이를 첫사랑이라고 말한다.

어느 날 클라이브가 결혼한다며 돌아선다. 떠나는 자와 남는 자. 이별의 신파는 슬픔의 크기를 비교하게 하는데, 이게 예사롭지 않다. 남은 모리스의 아픔이 영화 내내 스크린을 찌른다. 급기야 모리스는 발에 진흙을 잔뜩 묻히고 부랑아처럼 배회하는 사냥터 지기 '알렉'을 품에 안는다. 자제하지 못하는 모리스를 탓해야 할지……? 최면 치료까지 받아도 소용없는 것을 어찌하랴. 그러나 알렉과의 관계까지 사랑이라고 해야 할지는 잘 모르겠다.

"성전을 더럽히지 마라."

시대의 서슬 퍼런 금칙禁飭은 이 한 문장에 압축되어 있다. 신분도,

명예도, 지위도 다시 말하면 모든 것을 잃을 수 있음에도 아랑곳하지 않고 모리스는 동성을 탐닉한다.

영화 〈브로크백 마운틴〉의 양치기 청년 '잭'과 '에니스'가 떠오른다. 이들이 품은 사랑은 대자연의 풍광보다 넓고, 뜨겁고, 아름다웠다. 훗날 결혼해서 살고 있는 에니스를 찾아간 잭, 둘이 뜨겁게 포옹하는 장면은 뭉클하기만 하다. 에니스의 눈물은 그들이 함께했던 목장의 설광雪光처럼 빛난다. 아내 '미셸 윌리엄스'의 둥그렇게 뜬 눈은 깜박일 줄을 모른다.

영화 보다가 장내를 살펴보았다. 러닝 타임 140분 동안 마치 그 시절(20세기 초 영국 에드워드 시대)의 정제된 생활 양식이 전래되기라도 한 듯 엄숙하였다. 문을 나서며 한 관객에게 질문했다.

"어떻게 보셨어요?"

"해보지 않고 어떻게 말할 수 있겠어요? 남을 안다는 것 자체가 참 어려운 일 아니겠어요?"

작가의 말을 보았다. '대중이 동성애와 관련해서 정말로 싫어하는 것은 동성애 자체가 아니라 그것에 대하여 생각해야 한다는 사실이라고.' 하나 더 있다. 미국에서 동성애 유전자를 찾는 생물학적 연구가 많이 진전되었는데, 연구자가 한 말이 반향을 불렀다. '동성애 유전자를 찾느냐가 중요한 것이 아니라 왜 찾으려고 하냐는 것이다. 즉 동성애 유전자를 찾는 것은 과학의 문제가 아니라 이데올로기의 문제가 되었다. 왜 동성애자가 되었냐는 질문은 어떻게 하면 동성애자가 되는 것을 피할 수 있느냐의 질문을 숨기고 있을 뿐이다.'라고. 동성애의 생득성 연구는 결국 다시금 정치적 이데올로기의 문제로 귀결되곤 한다.

사랑이라는데……. 생득이라고, 성적 취향이라고 결론짓는 게 온당치 않다는 생각이 든다.

"하나님은 왜 내 아들을 치료하지 않았을까요?"

영화 〈바비를 위한 기도〉 속 동성애 아들을 잃은 엄마의 절규를 보며 치료라는 말이 낯설어서 몇 번이고 되뇌었다.

6

삶 밖에서

삶을

이야기하다

노인 연습

증명서가 날아왔다. 국가가 발송한 것이다. 설명서는 첨부되지 않았다. 행동 강령 뭐 이런 것도 없다. 막연하다. 이제부터 저잣거리에 나가면 몸가짐을 어떻게 해야 할까? 시설柿雪처럼 얼굴에 하얗게 분이라도 칠해야 할까? 서산에 해 넘어가듯 뉘엿뉘엿 기울어지는 팔자걸음이라도 걸어야 할까. 뭐든 해야 할 텐데……. 우선 근엄한 표정이라도 지어야겠다. 노인 하라면서, 노인을 가르쳐 주지 않는다.

큰 변화가 생겼다. 사람 만날 때 상대방을 보는 기준이 달라진 것이다. 일별一瞥 나이들어 보인다 싶으면 증명서 받은 사람일까 아닐까로 나눠서 살핀다. 10년은 젊어 보이는 사람이 받았다고 하면 조금 뜨악하다. 거리에서 스치는 사람들을 노인일까 아닐까로 감별하고 있으니 해괴하다고 아니할 수 없다.

아파트 노인당에 갔다. 등록이라도 해 둬야 할 것 같아서다. 뒷짐

지고 가만히 서 있다가 직원이 장부를 내밀면 천천히 이름을 써야겠다고 생각했다. 강기침 서너 번 하고 나오는 거다. 문을 열고 들어서니 무슨 기념일이라도 되는지 안이 북적거린다. 떡국도 끓일 모양이다. 온돌방에는 노인들이 겹겹이 앉아 계신다. 잘됐다. 이름 올리고, 저 위에 올라앉아 떡국 한 그릇 점잖게 먹으면 될 것 같다. 노인 되는 것 일도 아니다. 방바닥에 슬그머니 엉덩이를 밀어넣는다.

부녀회장인 듯한 중년 여인이 오늘 행사를 설명하는데, 소음 때문에 잘 안 들린다. 연설할 사람이 다섯 명이라는 것 같다. 떡국을 기부한 자가 그 안에 있을 터. 누구인지 모르겠고, 배고프니 대충하고 떡국 먹자며 난리들이다. 동감이다.

연설 듣고, 부녀회 합창 관람하고 나니 한 시간이 지났다. 떡국 배식이 시작된다. 무엇으로 육수를 냈는지 냄새가 깊다. 그런데 일손이 부족해 보인다. 서빙을 도왔다. 애쓴다며, 어르신들이 어디서 왔느냐고 묻는다.

"제가 노인이 되었기에 함께하고 싶어 왔습니다. 앞으로 잘 부탁드립니다?"

한 분 한 분 볼 때마다 얼굴에, 손에, 세월의 흔적이 배어 있다. 잘 안 들리고, 잘 못 알아 듣는다. 무엇인가 의사표시를 한다. 귀를 쫑긋 세우고 잘 들으려고 노력했다. 부족한 게 있으면 얼른 추가해 드렸다.

빈 그릇 모아 주방에 전달하고 나니 이제 물에다 커피 배달이다. 과일 접시가 들어가자 좌중이 조금 조용해졌다. 일을 맡아 하는 여성들과 쪼그리고 앉아 푹 퍼진 떡국을 마시듯 먹고 도망치듯 나왔다.

'내가 무엇을 한 거야.'

독백치고는 소리가 컸다.

우리 통로에 상노인이 사신다. 아침에 현관에서 만났다.

"어저께 떡국 나르더만, 궂은일 하느라고 애썼어."

어르신은 노인 되는 법을 알고 여기까지 오셨는지 궁금했다.

"네네. 잘 드셨어요?"

빤히 쳐다보는 눈길이 조금 불편했다.

"웬일이야, 노인당엘 다 오고?"

"아, 네네. 들러봤어요."

몸은 어르신을 향해 있는데, 입은 혼잣말이다. 뒷짐 지고 한길을 바라보는 어르신에게 인사를 하는 듯 마는 듯하고 돌아섰다.

학교에 가듯, 교회나 절에 가듯 그렇게 가는 게 아니었구나, 노인당. 어떻게 한담? 어쩌다 대도시에 가서 지하철 무임승차하고, 영화나 연극 볼 때 할인받는 것 외에 특별히 노인 티 낼 일 없는 게 현실이다.

나 지금, 노인 하고 싶어 안달 나지 않았다. 의식 속에 노인을 받아들일 공간은 하나도 없는데, 몸은 노인 하러 다닌다.

명정酩酊

　　풀썩 주저앉았다. 이를 지켜본 엄마는
　　"고자배기처럼 힘 대가리가 없더라."
라고 했다. 초가지붕 올리느라 여념이 없던 아버지와 일꾼들이 정신없이 사다리를 타고 내려왔다. 너도나도 동생 얼굴에 찬물을 끼얹고 양볼을 두드렸지만 꼼짝도 하지 않았다. 십 리도 넘는 한약방까지 동생을 업고 뛴 사람은 이웃집 머슴 병식이었다. 나는 동생 다리를 붙잡고 덩달아 달렸다.
　　맥을 짚던 원장님은 커다란 눈을 깜박이며 깊은숨을 들이쉬는 것이었다. 무슨 병이냐고 묻는 아버지 눈에는 수심이 가득했다. 엄마는 안절부절못하고 서성댔다. 동생 이마에 물수건이 올라갔고 팔과 다리에 침이 꽂히기 시작했다. 아버지 봉초 마는 손이 부르르 떨렸다. 원장은 헛기침하면서 한약 한 재를 먹여야 한다고 했다. 그날 밤, 용마름도 올라가지 않은 지붕 밑에서 엄마는 한약 달이면서 연신 눈물을 훔쳤고, 우리 가족은 밤이 이슥하도록 동생을 지켜보고 있었다. 다음 날 아침에 동생은 멀쩡하게 일어났다. 다리에 힘이 없고 하늘이 노랗더라고 했다. 내가 추궁하였다.

"왜 아팠는데? 어디가 아팠는데?"

답이 없었다. 마을에서는 한약방 원장님 용하다고 찬사가 쏟아졌다.

나와 네 살 터울인 동생은 초등학교 6학년 때 또 한 번 넘어졌다. 한약 사건이 있은 지 2년이 지난 후다. 이번엔 돼지우리 옆이었다. 그런데 이 아이 입에서 냄새가 나는 바람에 들통이 나고 말았다. 안방에서 실컷 잠자고 나왔다. 일꾼들 주려고 준비한 막걸리를 마시고 두 번씩이나 깊이 잠들어 버린 동생……. 그의 엉뚱한 행동의 발로가 궁금했다. 착하고 공부도 잘하는 아이가 도대체 무엇이 씌어댄 것일까? 아니면 그 시금털털한 술맛이 정말로 좋았던 것일까?

동생을 생각하면 운보 '김기창' 화백의 〈태양을 먹은 새〉란 그림이 떠오른다. 닭처럼 생긴 새가 불을 먹었는지 배와 머리가 시뻘겋게 물들었다. 나는 무슨 술이든 넘기기만 하면 뱃속이 그렇게 불이 되는데, 동생 뱃속은 그게 아닌 것 같다. 아버지는 언젠가

"한배에서 나온 새끼도 아롱이다롱이다."

라고 하신 적이 있다. 동생은 정녕 아버지를 닮았을 것이다.

뜬금없이 명정을 거론하는 것은 내가 올해 환갑을 맞이했기 때문이다. 절친한 동갑내기 친구 아홉 명이 각자 자기 생일에 친구 내외를 초청해서 식사하는 것으로 자축하다 보니 한 달에 한 번은 잔치고

술이다. 노상 술인 셈이다. 그런데 이 자리 참석자 절반은 명정酩酊이고 절반은 명정明淨이다. 횟수가 늘어나면서 더 확연해진다. 간절해지는 것은 나도 명정酩酊의 세계에 들고 싶다는 것이다. 따지고 보면 지금까지 나를 키운 것 태반은 술자리라 해도 과언이 아니다. 그럼에도 아직도 저 세계에 들지 못하고 있으니 대과大過가 아니고 무엇이랴.

한 친구는 여흥이 무르익을 때쯤이면
"알딸딸하니 좋네. 저 맹배비 쉐키들."
하며 비주류 친구들에게 손가락질한다. 그때마다 생각한다. '저 녀석 한약방 갈 때 안 됐나?' 그러나 천만의 말씀이다. 몸은 흐느적대지만, 힘은 더 강해진다. 내가 지쳐 벽에 기대기라도 하면 똑바로 앉으라며 큰 소리친다. 주지육림酒池肉林(술이 못을 이루고 고기가 숲을 이룬다.), 걸왕과 주왕이 정녕 저 맛에 정신을 잃고 해롱거렸다는 말인가.

서강대에서 근무한 고 '김열규' 교수는 수주 '변영로' 선생의 《명정 40년》이란 책 머리말을 통해 말한다. '명정은 정신적 적나성赤裸性이자 진실성眞實性이라고.' 빨가벗은 채, 아무것에도 매이지 않고 거리낌 없는 마음의 자유 그리고 실태失態. 이야말로 구름 같고 물 같은 무애자재無碍自在의 경지 아니겠냐며 찬미한다.

심리학자들은 나이가 들면서 자기 검열이 강화된다고 말한다. 선뜻 나서거나 새로운 일을 벌이지 않는 것, 다시 말해 조신操身을 염두에 둔 말이리라. 그런데 조금 남은 끼도 잠재워야 할 시기에 술을 넘보고 있으니 이를 어쩌랴. 두주불사라던 아버지의 술과 동생이 먹은 한약이 묘한 대비를 이루며 내 여린 감성을 자극하는 요즈음이다. 명정도 모른 채 한세상 질펀하게 살았다고 호들갑떠는 나는 도대체 무엇이 잘난 것일까.

가을이 깊어져 간다. 그믐밤 공기가 차다. 옛날에는 술 마시고 야밤에 한적한 길 갈 때 은하수를 따라갔다고 한다. 그러다 도깨비를 만났다지. 아무리 술을 많이 마셨다 해도 도깨비와 싸워 졌다는 소리는 들어보지 못했다. 용감한 주신酒神들이시여.

동생이 온다기에 기다리고 있다. 환갑 맞은 형 대접하러 온다는 동생의 준비물이 눈앞에서 아른거린다. 술, 안주 그리고……? 벌써 걱정이다. 이 녀석 요즈음은 술 마시고 졸지도 않는데, 오늘 밤 주인공이 누구인지 까먹지는 않겠지. 행여 형을 도깨비 취급이나 하지 않을지 모르겠다. 에라. 한 잔 하고 취한 척 누워 버리면 되겠지. 아는가. 한약이나 한 재 해줄지. 부질없는 생각이 꼬리를 무는 걸 보니 곧 주신이 들긴 들려나 보다.

명정酩酊 단상

세기의 명우 '제임스 본드'는 거의 모든 작품에서 마티니를 마시는데, 주문하는 말은
"보드카티니, 젓지 말고 흔들어서!"
이다. 마티니에 보드카를 섞으니 더 맛있어 보인다. 영화 〈라스베가스를 떠나며〉에서 니콜라스 게이지가 분한 주인공 '벤'은 술 좀 적당히 마시라는 한 여인의 권유를 받고
"차라리 숨을 덜 쉬라고 하지."
라며 쓴웃음을 짓는다.

내 첫 잔은 소맥이다. 소주와 맥주를 적당히 섞은 후 잔 바닥을 숟가락으로 깊게 찌르면 거품이 확 솟구치는데, 이 거품이 가라앉기 전에 단숨에 들이킨다. 소화관에서 찌릿한 진동이 울리고 나면 몸이 반응하기 시작한다.

수주 변영로 선생은 저서 《명정 40년》을 통해 술을 찬미한다. '술

은 동과 같이 트인다. 창살이 부연하여지면 술기운도 차츰 안개 걷히듯 사라진다.' 책은 밤새 무슨 일이 벌어졌는지 숨김없이 적고 있다. 세속의 악마와 한판 뜨는 게 술 마시는 일이라는 데야, 더 할말이 무엇이 있겠는가. '실태失態는 일종의 자기 구원 행위이며 광태狂態는 순수의 역설적 표현이다. 빨가벗은 채, 아무것에도 매이지 않고 거리낌 없는 마음의 자유, 이는 정신적 적나성赤裸性이다.' 서문을 쓴 김열규 교수의 맞장구는 동성상응同聲相應이다.

답답한 세상은 꽉 막힌 도로와도 같다. 어떻게든 뚫어야 할 텐데. 눈을 꼭 감고

"오 마이 갓!"

이렇게 외쳐보자. 갓길이 확 열릴 것이다. 술에 취해 들어간 세상은 갓길과 같은 곳 아닐지……?

중국 춘추 전국 시대 제나라 환공桓公이 술자리를 마련했다. 환공은 원샷을 했으나 관중管仲은 반만 마시고 나머지를 버리는 것이다. 이를 보고 환공이 물었다.

"그대는 술을 반만 마시고 나머지를 버리니 그것이 예禮에 맞습니까?"

관중이 이렇게 답하였다.

"술이 들어가면 혀가 나오고, 혀가 나오면 말에 실수가 있게 마련이며, 말에 실수가 있으면 몸을 버린다고 들었습니다. 몸을 버리느니 술을 버리는 게 낫다고 생각하여 그렇게 한 것입니다."

프랑스의 상징파 시인 '폴 베를렌'은 일생을 주사酒肆와 성당 사이에서 보냈다고 한다. 취하자니 술집에 가야 하고, 참회나 정죄淨罪를 위해 성당에 안 갈 수 없었을 것이다. 한때 시인의 왕 칭호를 받기도 했으나 저주받은 시인으로 살다 간 그의 생을 술이 가로막았음은 주지의 사실이다.

영화 〈캐롤. Carol〉은 시작과 동시에 담배 연기 자욱하고 시끌벅적한 술집 장면을 보여준다. 대여섯 명이 둘러앉아 술 마시는 탁자가 클로즈업된다. 한 청년이 말한다.

"나는 내일이 오는 것이 두려워 술을 마셔!"

다른 참석자가 말을 잇는다.

"나는 깨어 있는 시간이 무서워 술을 마셔."

최근 주취 감형 반대 청원이 줄을 잇고 있다. 요지는 술 마시고 한 행위를 형법에서 심신 상실 내지 심신 미약(즉 의사 결정이나 사리 판단 능력이 없는 상태에서는 책임 능력이 없다는 것)으로 본다는 것인데, 이대로 둘 것이냐 하는 것이다. 여하튼 이 점은 분명히 해둬야겠다.

"술 때문에."

라고는 말하지 말자. 술이여, 변태變態여. 제발! 결코 술이 그런 것 아니다.

고등학교 동기동창 몇 명이 한 달에 한 번 막걸리 마시는 모임을 하고 있다. 12명으로 구성했는데, 매번 빠지는 사람이 거의 없다. 개근하는 이유를 내 방식대로 추정해 보니 막걸리 좋아하는 이유 반,

사람 좋아하는 이유 반인 것 같다. 막걸리에 친구들을 섞어 달리다 보면 역동이 생긴다. 막걸리 집 분위기는 예나 지금이나 다를 게 없어서 큰 소리도 한몫한다. 가는귀 먹을 때도 되었지만 옆 탁자에서 악을 쓰니 이쪽에서도 화답할 수밖에 없다. 소리치는 사람들을 가만히 살펴보면 각자 자기만의 방식이 있다. 어린 시절부터 체질화된 몸놀림이랄까? 무의식중에 막걸리의 힘을 빌려 자기를 힘껏 발산하면 직성이 풀리는 듯 보인다. 적나성의 경지라고 해야 할지.

  술을 잘 못 마시는 나는 그저 이 분위기를 즐기며 특별한 이야기를 기록하고, 질문 거리도 만든다.

  "당신은 술 마시고 그 취함으로 무엇을 하였습니까?"

  "쓸데없는 말 많이 했습니다."

  "……."

  "입가심 한 잔 더하러 갑시다."

  2차 주종酒鍾은 막걸리가 아니다. 언성도 높지 않다. 1차 때와 크게 달라진 풍경이다. 정신적 적나성이 드러나는 시간은 그리 길지 않은 것 같다.

요양병원
막핀 꽃

 요양병원 뜰에 지면패랭이꽃이 타는 듯 피었다. 길섶에서 흔히 볼 수 있지만, 이곳에서 보니 유난히 화사하고 눈부시다. 지면地面으로 퍼지는 특성이 있고 패랭이꽃과 비슷하여 저 이름을 얻었단다. 개화기는 4~9월, 최절정기는 4~5월. 꽃말은 희생이다. 생을 살라 희생하고 지금은 여기서 외로움과 싸우고 계신 내 어머니와 같다는 생각이 든다. 가까이 가보니 향기가 진동한다. 꽃송이를 살그머니 어루만졌다. 아뿔싸. 아무 저항 없이 몸을 부린다. 말없이 휠체어에 몸을 의탁하는 어머니다.
 우리 영화 〈장수상회〉에 '김성칠'이라는 치매 어르신이 나온다. 아내 얼굴과 이름도 기억하지 못하는 중증 치매 환자다. 어르신은 급기야 자기 이름까지 까먹고 만다. 내 이름은, 내 이름은 김……. 야속하게도 영화는 어르신이 자기 성과 이름을 함께 꺼내도록 도와주지 않는다. 전문가의 말에 의하면 치매 환자가 가장 오래 기억하는 게 자기 이름이라고 한다.

어느 가을날 성칠의 아내 '금님'은 화단 돌 틈에서 '막핀 꽃'*을 발견하고 뛸듯이 기뻐한다.

"이 사람 저 꽃처럼 다시 활짝 피게 해주세요. 기억을 되살리게 해주세요."

금님은 성칠과 나란히 앉아 소원을 빈다. 성칠이 떨리는 손으로 꽃을 쓰다듬는다. 그러나 성칠의 기억은 끝내 돌아오지 않는다. 꽃도 아쉬워 가을이면 다시 피는데, 만물의 영장이라는 사람에게 가을에 꽃눈 재형성의 기회가 안 주어지다니 야속하다.

둘은 고교 시절에 처음 만났다. 사랑을 시작할 때 자랑처럼 자기 이름을 크게 말했다. 이들 입에서 나온 각각의 이름은 황금물결 출렁이는 들녘을 날아다녔다. 이름은 평생 상대방의 입안에서 춤을 추었다.

요양병원 벽에 포스터가 붙었다. 상단에 제목처럼 적은 문장이 '우리는 괜찮아요.'다. 무슨 뜻일까. 가까이 다가가서 보니 하단에 무거운 지게를 진 할아버지가 힘겹게 걸음을 떼는 그림이 있다. 이 어르신이 짊어진 짐은 '안' 자字다.

---

*막핀 꽃: 봄에 핀 화목이 가을에 또 꽃을 피우는 현상. 맥문동과 개나리 등. 요즈음은 진달래, 철쭉, 벚꽃도 계절에 상관없이 자꾸 꽃을 피운다.

뭐지? 지게의 짐을 번쩍 들어 위 문장을 다시 구성해 보니 '우리는 안 괜찮아요.'가 된다. 저런. 어르신의 고통을 함께 짊어진 포스터는 더 무겁다.

담당 의사 선생님께서 말했다. 보호자들이 병상 어르신을 회피하는 이유가 '의존에 대한 두려움 때문'이라고. 이들에게 할말이 있다.

"메이 아이 헬프 유? (May I Help You)?"

하자. 5월(May)이니까. 지면패랭이꽃 무성한 5월만이라도.

아는가. 어르신께서 막핀 꽃을 피우게 될지.

싸우지 마세요

어머니를 만나기 위해 가는 B 요양병원 휴게실은 늘 붐빈다. 그중에서도 장기 두는 자리는 항상 만원이다. 오늘도 장기판 주변은 구경꾼들로 발 디딜 틈 없이 꽉 차 있다. 쥐 죽은 듯 고요한데, 정적을 깨는 것은 침 삼키는 소리다. 잠시 웅성거림이 있다가 잠잠해진다. 하루면 몇 번이고 이런 모습이 반복된다. 입으로, 몸으로, 혹은 머리로 대국자와 함께 장기 두는 어르신들의 추임새는 다양하다.

여기 다닌 지 5년쯤 되었다. 일주일에 한 번, 어머니는 아들을 기다리느라 문만 보고 계신단다. 어머니의 일주일과 아들의 시간은 비교 대상이 아니라는 생각을 한다. 엘리베이터를 타려면 휴게실 전체를 다 지나쳐야 한다. 전에 유스호스텔이었던 곳을 개수하여 요양병원으로 만들었다. 대리석으로 반짝반짝 빛나는 로비는 넓이가 70평은 족히 되어 보인다. 운동장처럼 넓어 휠체어 타기에 안성맞춤이다. 창가에 휴게실을 꾸몄다. 장기판 3개, 바둑판 3개, 고스톱판 2개, 티 탁자 3개, 여럿이 앉을 수 있는 응접세트 1조 등으로 깔끔하게 단장되었다.

장기판 있는 곳을 통과하는데 갑자기 큰 소리가 난다. 급기야 서로 멱살을 잡고 흔든다. 한 편이 좌중을 향해 큰 소리로 묻는다.

"봤죠? 봤잖아요. 마馬가 상象 길로 갔당게?"

상대 쪽에서는

"내가 언제 그랬어, 언제 그랬냐고?"

라며 상대를 밀친다. 구경꾼들은 말이 없다. 그러나 다 안다. 마馬가 간 길을. 연신 뒤로 물러설 뿐, 말리려 들지 않는다.

장기판이 문제다. 그동안 얼마나 싸웠으면 사방 빈자리마다 매직으로 '싸우지 마세요.'라고 굵게 써놨다. 수틀리면 욕하고 그냥 몸으로 돌진하면 되는가. 판은 깨지고 지금까지 둔 장기는 무효다. 어느새 장기판에는 다른 어르신들이 앉아 있다. 판이 편할 날이 없다.

내기 장기를 둔 적이 있다. 직장 생활할 때 숙직실에서다. 진 사람이 구경하는 모든 사람에게 차 사기다. 판이 열리면 소문은 삽시간에 퍼져 퇴근하던 사람들이 슬그머니 들어와 서 있다. 지면 7~8잔을 사야 하는 때도 있다. 불사하고 장기 시합은 자주 열린다. 삼세판을 두다 보면 꼭 세 번째 판까지 가게 된다. 초긴장으로 서로 정신이 혼미해진다. 이때다. 마馬가 상像길로 가는 때가. 구경꾼 중 본 사람도 있겠지만 그들은 절대 말하지 않는다. 나도 몇 번 써먹고 이긴 적이 있다. 반대 상황도 있었겠지만 나는 모른다.

그토록 오기 싫어하던 요양병원까지 와서 동고동락하는 처지인데 저분들 왜 그렇게 승부에 집착할까. 이분들 장기를 관찰하기로 하였다. 일부러 마馬가 다른 길로 가는 경우는 거의 없었다. 장기 둘 때 입심 강한 어르신 몇 명이 문제였다. 이들은 양쪽 응원군으로 편성된다. 말〔言〕로 상대방을 약 올려 이성을 잃게 하는 수법을 쓰고 있었다. 상대가 약이 바짝 올라 진정이 잘 안 되는 상황이면 바꿔치기 행마도 하고 그러는 것 같다.

저럴 수가……. 저렇게 해서 한 판 이기면 뭐하나? 이 요양병원에서 장기 최고 고수가 되면 특별 대접이라도 받나? 아니면 자존심 충족 수단으로? 잘 모르겠다.

노년기에 이르면 자기가 살아온 인생을 모두 받아들여 통합하고, 의미 있게 여기며 앞으로 다가올 죽음을 인정하고 의연하게 대처해야 한다고 배웠다. 절망감은 금물이다. 자신이 살아온 삶에 만족하지 못하고 통합에 실패하면 죽음의 공포를 이기지 못하여 노년이 불행하다.

요양병원에까지 와서 하찮은 장기 한 판에 목숨을 거는 이유가 뭘까? 시간이 흐르면서 이분들이 저렇게 전심전력을 다하는 이유와 목표를 알게 되었다. 필사적으로 이겨야 한다. 이것뿐이다. 다른 어떤 요구도 우선될 수 없다. 이기는 것만이 내가 살아 있음을 증명하는 것이다. 나라는 존재가 여기에서 이슬처럼, 연기처럼 사라지지 않을 것이라는 모습을 꼿꼿이 보여주고 싶은 것이다.

훗날 요양병원 휴게실에 게임기가 배치될지 모를 일이지만, 적어도 내 연령층까지는 장기판과 바둑판이 존재하지 않을까 생각한다. 문제다. 내가 요양병원에 온다면, 장기를 두어야 할까 두지 말아야 할까. 오늘은 훈수하고 싶은 마음을 억누르느라 소리를 지를 뻔했다. 앞으로 장기판 기웃거리지 말아야겠다.

해우소와
근심

 통은 크고 깊었다. 바람이 불면 아래 고인 물이 올랑촐랑 부딪칠 때도 있었다. 고약하면서도 끈적거리는 냄새가 술술 풍겼다. 고개 들면 서까래 밑으로 여러 개 거미줄이 너풀댔다. 벽면 송판 조각 사이로 잡티 묻은 빛이 길게 들었다. 구석에는 왕겨 또는 재가 산더미를 이루고 있었다. 출입문 옆에는 새끼줄 여러 개를 매어놓았다. 어린 시절 우리 집 변소便所는 가장 가기 싫은 장소였다.
 사찰에 갈 때마다 해우소解憂所를 살펴본다. 애집愛執인가? 자꾸 쏠리는 마음을 어찌할 도리가 없다. 어릴 적 우리 집 변소의 기억과는 상관이 없다. 무엇 때문일까. 근심 우憂자 때문이란 사실을 알아차리게 되었다. 도대체 스님들이 무슨 근심이 있을까? 늘 참선하고 참회하는 생활의 반복일 텐데 근심이 웬 말인가? 잡념 없애는 작업을 에

둘러 표현한 것일까. 무엇이든 마음껏 상상하도록 허용된 공간일까. 아니면 속세의 카페와 같은 곳일지 모른다. 인터넷 검색하고 백방으로 질문을 던져도 시원한 답을 해주는 사람이 없어 답답하였다.

궁금증은 급기야 사찰을 돌아보는 순서까지 바꿔 놓았다. 나의 관사觀寺 포인트는 해우소라고 해도 과언이 아니다. 어느 사찰에 가든 대웅전엔 가지 않아도 해우소는 꼭 둘러본다. 근심의 실체를 발견할 수 있을지도 모른다는 생각에서다. 사찰마다 재래식 해우소는 대부분 판자를 깔았는데, 기울어진 곳이 더러 있어 낭패를 볼 수 있다는 상상도 한다.

사찰 마당에서 근심에 관한 상상을 하다가 '내가 뭐하고 있지?' 스스로 머쓱해져 두리번거리기도 한다. 어떤 날은 스님들의 뒤를 주시하면서 근심이 무엇일까 생각하였고, 어떤 날은 차 공양을 하면서도 차와 변便 간의 함수관계를 생각하기도 했다. 근심 또 근심. 절에 가면 마음이 편안하다는데, 나는 다른 사람과 종류가 다른 근심으로 우왕좌왕하곤 한다.

스님들의 일반적인 말씀은, 뱃속에 찌꺼기가 쌓이면 근심이 생기게 마련이라는 것이다.

"처사님은 못 느끼나요?"

반문도 한다. 인터넷에 나오는 이야기와 다르지 않으니 답답할 수밖에. 숨도 안 쉬고 연발로 던지고픈 질문이 있는데 묻지 못하는 심정은 나를 더욱 답답하게 만든다.

"켜켜이 껴입은 옷을 벗는다는 의미로 해의소解衣所에서 유래했다는데 맞나요?"

"스님 근심은 일반인의 그것과 다른가요?"

"스님만의 말 못 할 고민이라도 있나요?"

짙은 안개로 코앞도 분간하기 어렵던 어느 봄날, 책 보따리 몇 개 싸 들고 절에 공부하러 간 적이 있다. 외로움 많이 타는 친구가 같이 지내자며 하소연하기에 내키지 않는 발걸음을 옮겼다. 저녁으로 나온 산채비빔밥을 아주 맛있게 먹었다. 밤은 깊어 삼경인데, 소식이 왔다. 마당 건너 해우소를 향해 발길을 재촉했다. 불도 없는 캄캄한 장소에서 자세를 취하고 나니 고향 집 변소 생각이 났다.

바람이 연이어 두 번 휙 하고 지나갔다. 조금 뒤 발아래서 "횡~" 하고 변기통 우는 소리가 들렸다. 머리카락이 뻣뻣하게 서고, 온몸에 소름이 돋았다. 가장 견디기 힘든 것은 나를 짓누르는 알 수 없는 팽팽한 기운이었다. 몸은 이미 딱딱하게 굳었고, 소리를 지르려고 해도 목소리가 나오지 않았다. 시간도 멈춰 버린 것 같았다. 그날 내가 어떻게 살아 돌아왔는지 모른다.

친구에게 말도 못 하고 그냥 잤다. 이후 모든 것이 딴딴해져 버렸다. 논산훈련소 훈련병 시절에는 일주일 후에 돌아왔는데, 그것이 언제나 올지 고민이 컸다. 다행히 3일 만에 소식이 왔다. 반가운 나머지 친구와 함께 차를 타고 마을로 내려가 토종닭 집 수세식 화장실에서 근심을 풀었다. 곧 방을 빼게 되었는데, 화장실 때문이었음은 물론이다.

"아래는 바라보지 않는 게 좋아!"

"변비는 경계 대상 1호야."

후일담 나눌 때 친구가 한 말이다. 말없이 듣고 있었다. 변비라! 찌꺼기가 안 빠지면 근심이 더 커질 거야. 돌려보고, 밀어보고, 당겨도 보면서 해결을 시도했을 터, 안 빠지는 것을 어쩌랴. 근심의 실체는 바로 변비 아닐까?

'임보' 시인은 명작 〈속리산 시俗離山 詩〉에서 '절 짓기 전에 내놓았던 것이 아직도 다 떨어지지 않고 내려만 가는데 날이 궂을 때는 번개 소리도 내고, 달이 밝을 때는 소쩍새로도 친다.'라고 했다.

순천 선암사의 낮은 칸막이 해우소 구조는 보는 이의 자유를 제한하지 않겠다는 의도 같다. 까짓것 쪼그려 앉은 옹색한 모습 누가 보면 어때, 근심은 당당하게 풀어야지 하는 것 같아 편안해 보인다.

해우소가 스님들만의 전유물은 아닐 터, 그곳에서만 풀 수 있는 만인의 근심을, 실체를 더 찾아봐야 하겠다. 요즈음 많은 해우소가 수세식으로 바뀌고 있다. 근심 색깔이 달라지는 것은 아닐지.

나가며

나의 심상心像과 시지각視知覺을 글로 바꾸는 모험

  부족한 글을 보고 또 보며……. 나의 심상과 시지각은 어필할 가치가 있는 것인지 생각했다. 영화 속 캐릭터의 진면모, 산에서 보는 풍경과 같은 물리적 대상에 대한 관점이나 묘사가 나의 시지각에 너무 의존한 것은 아닌지 우려한다. 어쩌랴, 글은 인지와 혼의 소산인 것을.

  내가 '인지'한다고 할 때 정보의 수용, 저장 및 처리에 관여하는 모든 심적 조작들이 망라된다. 이를 지각에서 떼어놓을 방도는 없다고 생각한다. 세상은 그 상을 인간의 마음에 투영하고 원재료인 이 상은 마음과 결합하여 심상이 된다. 자세히 관찰하고, 판별하고, 구조화하여 튼실하게 내면화한다.

영화와 산은 나의 인지적 틀을 바꿔 놓았다. 새로운 생각을 통합하고 실천하는 장. 특히 나를 잡아두는 힘은 경이감이다. '르네 데카르트'는 '경이감은 모든 열정 중 으뜸이다.'라고 했다. 산은, 영화는 나에게 언제나 경이감을 선사한다. 마음도 항상 그를 좇아 하늘을 난다.

이승수 수필집

보리밭에 부는 바람

인쇄일 _ 2025년 1월 7일
발행일 _ 2025년 1월 10일

지은이 _ 이승수
발행인 _ 서영훈
펴낸곳 _ 출판하우스 짓다
주　　소 _ 서울시 종로구 삼일대로 32길 36
　　　　　(익선동 30-6 운현신화타워) 305호
전　　화 _ (02) 3675-3885 (063) 275-4000 · 0484
팩　　스 _ (063) 274-3131
이메일 _ shianpub@daum.net
출판등록 _ 제2020-000010호
인쇄 · 제본 _ 신아문예사
ISBN 979-11-984823-3-4   03810

값 17,000원

저작권자 ⓒ 2025 이승수
서면에 의한 저자와 출판사의 허락없이 작품의 일부를
인용, 발췌하는 것을 금합니다.

이 책의 발간비 일부는 전북특별자치도문화재단의 지원을 받았습니다.